LA VENTAJA LOGÍSTICA

Escrito por Hugo E. Soto

Sentido común, logística
y transporte

Para mi familia

PRÓLOGO

Si usted es un emprendedor de negocios o un estudiante universitario, probablemente está mirando este libro porque quiere entender y manejar con éxito la logística del transporte. Debido a que esta es un área de especialización dinámica y de rápida evolución, he diseñado este libro para ayudarlo a empezar a trabajar compartiendo mi propia experiencia, educación e ideologías. Este libro es una guía funcional, no un libro de texto. No habrá pruebas, secciones de vocabulario o exámenes finales. Mi objetivo es compartir algunos puntos importantes a considerar y proporcionar algunas anécdotas memorables que le ayudarán a abordar los problemas en el campo. Comienzo con filosofía y teoría, luego profundizo en el conocimiento practico diario.

Cuando me gradué de la Universidad de Houston, era una persona optimista e ingenua. Había estudiado mucho y aprobado mis cursos de Cadena de Suministro con éxito, pero cuando empecé a trabajar en logística, algo en específico se hizo muy claro: el camino desde las clases de teoría universitaria a la práctica en la vida real está obstruido por trabajadores de campo inteligentes y experimentados, que se ríen y cuentan historias en el bar sobre profesionales engreídos, jóvenes y con educación universitaria que están convencidos de que saben más.

SOBRE EL AUTOR

Toda mi vida soñé con crecer y llevar traje y corbata a mi trabajo. En serio. En mis sueños, usaba Hugo Boss: zapatos tipo Oxford brillantes, camisa de negocios oscura y ajustada y traje de dos piezas, corbata de seda y pañuelo de bolsillo, gemelos de oro y una fragancia de marca. Cuando entraba a mi oficina, todos se daban cuenta. Me envidiaban y admiraban por mi inteligencia, mi aspecto y mi estilo de vida. Piense en la serie de televisión "Suits", pero en vez del protagonista Harvey, el abogado, está Hugo, el ejecutivo comercial. Me dediqué al estudio de los negocios, y por un tiempo, alimenté la fantasía usando zapatos pulidos, un traje y corbata ocasional como práctica para el mundo real.

Sin embargo, cuando entré en el "mundo real", me di cuenta de que la moda no garantiza el éxito en la logística. De hecho, mi atuendo de oficina es una camisa de botones (generalmente con las mangas enrolladas) y pantalones, con una corbata solo para reuniones o eventos especiales. Los viernes casuales son para los jeans y camisetas tipo polo, y trabajar desde casa normalmente implica usar pijamas.

Tal vez se pregunte cómo dejé a un lado mis sueños de llevar traje y los reemplacé con una carrera que me apasiona de verdad. En algún momento a mitad de mi educación universitaria, me di cuenta de lo mucho que me gustaba ir a mis clases de Cadena de Suministro. Eran las clases que inherentemente tenían más sentido para mí, mientras que algunos de mis compañeros luchaban con sus conceptos. Para mí, la teoría de la cadena de suministro no era tan diferente de la eficiencia, el sentido común y las practicas organizativas por las que lucho en mi vida diaria.

Reconocí que los principios que había establecido para mis finanzas, mis relaciones, mi crecimiento físico y mental, básicamente para todos los aspectos de mi vida, serían las herramientas que asegurarían mi éxito profesional.

Estudios

Me gradué con un título en Cadena de Suministro con especializaciones en Administración de Suministro Energético y Abastecimiento Estratégico de la Universidad de Houston. Tuve dos trabajos para poder culminar mis estudios universitarios. Debo admitir que me llevó un poco más de tiempo que a la mayoría, pero me gradué sin deudas. También me uní a una fraternidad y disfruté de todos los beneficios sociales, académicos y profesionales que provienen de dichas organizaciones.

Trabajos que he tenido

He trabajado en muchos lugares diferentes que me han proporcionado experiencias únicas. Fui encargado de una tienda de comida en México, vendí nueces que recogía de la granja de mi abuelo en el mercado local, y trabajé como cajero en una tienda de novedades. Trabajé para una exitosa empresa de catering de eventos e hice mercadeo en la calle para una gran empresa de tecnología. También trabajé como analista para otra empresa de tecnología. He dado clases de computación como servicio público y he trabajado como agente de seguros para una pequeña compañía financiera. Trabajé como gerente de procesos de negocio antes de convertirme en analista de contratos de petróleo y gas. De ahí pasé a ser un planificador logístico norteamericano para una gran corporación energética.

LOGÍSTICOS VS. NO LOGÍSTICOS

En mi opinión, siempre habrá personas que nacen con ciertas cualidades necesarias para sobresalir en ciertos campos. Algunos son atletas naturales; otros pueden tener talento inherente para el arte, la música, las matemáticas o la ciencia. No veo a los especialistas en logística de forma diferente. Hay algunas personas que son naturalmente adecuadas para este trabajo, pero en última instancia, creo que cualquiera puede convertirse en un exitoso experto en logística que tiene el deseo de mejorar y la voluntad de aprender. El trabajo duro siempre triunfa sobre el talento.

Personalidades

Todos tenemos ese amigo que parece controlar todo en su vida. Tal vez maneja el tiempo excepcionalmente bien, sin importar las circunstancias que intervengan. Misteriosamente, no se ve afectado por el tráfico, las enfermedades o las calamidades en las relaciones personales. Este tipo de personas siempre serán las primeras en llegar y terminarán guardando los asientos para sus amigos más "humanos". Tal vez es el tipo de amigo que siempre está preparado. Tiene un paraguas a la mano cuando las tormentas se desatan repentinamente un día soleado; tiene notas completas con él para todo el semestre; hay un botiquín de primeros auxilios en la guantera de su auto inmaculado y totalmente equipado. O podría ser el amigo que puede planear una fiesta perfecta, sin que falte ningún detalle, desde el lugar de celebración hasta las decoraciones, la música, la iluminación y los conductores designados para aquellos que beben demasiado.

El mago del pinball con una sincronización perfecta, el chico explorador que siempre está preparado y la diva de los detalles que puede sincronizar cualquier evento son algunos ejemplos de personalidades que pueden prosperar en logística; si ninguna de ellas se parece a usted, no se preocupe. Después de leer este libro, y con un poco de práctica en la vida real, puede que se encuentre convirtiéndose en uno de esos inspiradores que siempre están preparados para todo.

Habilidades y características aprendidas

Lo más probable es que las personas que usted cree que tienen todo controlado hayan aprendido sus trucos de la misma manera que yo: mediante experiencia, consejos y modelos a seguir. Puede ser que el amigo que organizó estas espectaculares fiestas se crio con un padre que era planificador de eventos. O bien, puede haber tenido un trabajo como repartidor de pizza cuando era niño. De igual forma, es probable que ese amigo pueda ser un chico explorador nivel Águila. Las experiencias de usted son exclusivamente suyas y puede que no lo hayan introducido a las habilidades o mentalidad necesarias para la logística. Lo importante es que pueda seguir aprendiendo toda su vida, si así lo desea. Si usted aprovecha esto, es su elección.

Nueva perspectiva

Me encanta la frase "para un hombre con un martillo, todo parece un clavo" por varias razones. En primer lugar, porque me gusta la gente cuya solución a todo mal funcionamiento tecnológico es empezar por golpear el objeto en cuestión, lo cual es mucho más divertido cuando funciona. En segundo lugar, implica que las personas con un solo conjunto de habilidades harán uso de este para solucionar todos los problemas que se les presenten. Algunos trabajos pueden requerir múltiples herramientas y habilidades, pero la logística es una herramienta muy útil para arreglar casi cualquier problema.

Usted puede dudar en usar la logística para arreglar una computadora, pero puede usarla para tomar una decisión entre comprar una nueva o usar una en su universidad. Puede utilizar la logística para determinar la ruta más rápida y segura a la tienda con la mejor oferta en esa computadora. Amazon usará la logística para conseguirle una nueva, si usted decide que quiere que se la envíen. Amazon cuenta con todo un departamento de logística dedicado a trasladar la carga desde sus proveedores, pasando por sus almacenes, hasta la puerta de su casa. Tal vez, si usted es bueno en logística, las compañías como Amazon lo contratarán y le pagarán lo suficiente para comprar una computadora nueva cada vez que la suya se dañe.

Facilitar las cosas

Simple y llanamente, el objetivo principal de este libro es hacer su vida más fácil, cuando se trata de los desafíos cotidianos en el hogar y el trabajo. La lectura de este libro puede ayudarlo a ahorrar dinero mientras intenta determinar la mejor manera de suministrar sus productos a sus clientes. Si está considerando una carrera en logística, puede ayudarlo a encontrar el sentido a su elección de carrera en este campo.

Hacer las cosas más seguras

Uno de los mayores desafíos de la gestión de la logística es la seguridad. Seguridad para usted, sus balances, su negocio, su vecindario y, potencialmente, su país. Esto no es una exageración, teniendo en cuenta que nuestro mundo está evolucionando continuamente hacia un mercado global. Este tipo de mercado requiere mover materiales entre diferentes países, diseñando un plan e implementando un sistema para llevar los productos a los países receptores para su distribución y uso. Tanto si es un estudiante, empleado o propietario de un negocio, conocer todos los detalles intrincados es lo mejor para usted.

Para ayudarlo

Al final del día, quiero para usted las mismas cosas que quiero para mí. Un futuro más brillante, con un negocio floreciente y una cuenta bancaria en crecimiento, mediante la cual usted pueda pagar la mejor educación universitaria para sus hijos. Quiero que suba la escalera corporativa a las posiciones que incluyen oficinas en las esquinas y exquisitas vistas a la ciudad. Quiero que esté libre de hipotecas, que se tome unas vacaciones increíbles y que pueda comprar todos esos lujos innecesarios que sólo hacen que su alma se sienta bien. Si puedo hacer su vida un poco más fácil cada día, me gratificaría una enormidad.

LA MENTALIDAD LOGÍSTICA

La idea de crear una mentalidad logística es simple. Si quiere ser un experto en logística, debe pensar como uno. Algunas afirmaciones cliché como "piensa como un hombre", "se necesita pensar como un criminal para atrapar a un criminal", y "cada ladrón juzga por su condición" son válidas. No voy a tratar de convencerlo de que adapte una mentalidad logística para que gobierne toda su vida, pero permítame destacar los beneficios. Soy un defensor de cambiar nuestra forma de pensar para emular las actividades que nos apasionan. Cuando escribo, pienso como un escritor, cuando pinto, pienso como un pintor, cuando estoy en el trabajo, pienso como un experto en logística. Cuando necesite ser un operador logístico, piense como un operador logístico y obtenga los beneficios de la eficiencia, la flexibilidad y la lógica.

La visión del oráculo

El primer conjunto de habilidades aparentemente mágicas de un experto en logística es su asombrosa habilidad para predecir el futuro. Además de un sentido basado en la razón de cómo se desarrollarán los acontecimientos futuros, un experto en logística debe ser capaz de adaptarlos y cambiarlos. Esa es una habilidad que yo llamo "la visión del oráculo", o simplemente "la visión". Pasaré algún tiempo ayudándolo a desarrollarla por usted mismo, pero primero quiero aconsejarlo sobre algunos aspectos cruciales de la logística que a la mayoría de las personas le encantaría ignorar.

El primer paso para desarrollar esta visión es simplemente leer sobre todo, como ficción, no ficción, biografías, novelas de suspenso, romance, guías de instrucciones, política, clásicos, negocios, psicología, todo lo que pueda. Esto le proporcionará una buena base de posibilidades dentro de una amplia gama de escenarios. Cuanto más lea, más posibilidades conocerá, y eso le ayudará a predecir cómo saldrán las cosas. Ver la televisión no le permite absorber todos los efectos de todas las posibilidades de la manera en que lo hace la palabra escrita, porque no está involucrando activamente su imaginación. Lo que conlleva al siguiente punto.

El segundo paso es usar la imaginación. Puede hacerlo de forma muy sencilla, como en este ejemplo de transporte: digamos que usted es responsable de programar un envío de fruta desde una granja de

Texas a una tienda de Nueva York. Cierre los ojos e imagine todo el viaje de su envío, desde la ubicación actual hasta su destino. Imagine los caminos que recorrerá, como será almacenado, empacado, movido, las necesidades de envío y cualquier otro detalle relacionado. Ahora, haga ese ejercicio tantas veces como sea necesario en tantos escenarios diferentes para tomar las mejores decisiones. Cuando se imagina inicialmente el transporte, se da cuenta de la posibilidad de que la fruta se pudra, por lo que mejora la modificación de su escenario al organizar el transporte refrigerado. A continuación, imagine que su paquete se retrasó. Ahora usted modifica su decisión de nuevo, buscando maneras de moverlo más rápida y eficientemente. Durante ese proceso, usted se da cuenta de que las cajas pueden permitir que se produzcan golpes u otros daños en el producto, por lo que comienza a pensar en mejores ideas de empaque. Las decisiones tomadas en cada escenario mejoran su predicción al anticiparse a posibles problemas y refinar su plan inicial. Sé que no es realista esperar que alguien pueda prever todos los problemas que puedan surgir, pero ese no es el punto. Simplemente está utilizando este ejercicio para minimizar el margen de error en su escenario de transporte previsto.

Un último punto sobre la mentalidad logística: aprenda de los errores, particularmente de los errores pasados de otras personas. Todo especialista en logística sabe dos cosas:

1. Lo inesperado siempre sucede. Mantenga la calma y recuerde la Ley de Murphy (cualquier cosa que pueda salir mal, saldrá mal).

2. La mayor parte de los conocimientos logísticos se obtienen de la experiencia.

Entienda que habrá errores y costos asociados, los cuales son costos irrecuperables para los que tenemos que estar preparados y que continuarán presentándose a menos que aprendamos de la experiencia. No puede ver los errores como incidentes aislados que sólo sucederán una vez, por lo que no debería regañar a sus empleados por cometer errores. Lo único que hay que hacer es morder el anzuelo sobre los costos de los errores, y luego aprender de ellos para que tengan cada vez menos impacto en el futuro. En este campo, lo que no conoce PUEDE hacerle daño, y muchas veces las personas no saben cuál es la información que les falta para sobresalir.

Los beneficios de la negatividad

Los pesimistas son grandes especialistas en logística, ya que son muy hábiles para predecir qué es lo que va a salir mal. Estas son las personas que pueden anticipar el peor de los escenarios en todo y que han hecho que esperar lo inesperado sea todo un arte. Ellos son los que le impedirán cometer la mayoría de los errores. El mundo tiende a desaprobar a los pesimistas, desestimarlos e ignorar sus advertencias. Esto en sí mismo es un gran error. En mi experiencia, cuando las cosas van mal, el pesimista será el que tenga la mirada de "se lo dije"; probablemente se lo dijo el 70% de las veces. El otro 30% conocía las posibilidades, pero permaneció en silencio.

No estoy sugiriendo que le quite el sol a su vida e instale una nube de lluvia permanente sobre su cabeza, pero si tiene un equipo, o la oportunidad de armar uno, le aconsejo que siempre se asegure de tener un pesimista. Si no lo tiene, lo mejor es pedir consejo a un pesimista que entienda el problema.

Los beneficios del positivismo

Los optimistas también son buenos en logística, pero por razones muy diferentes. Los optimistas son excelentes solucionando problemas porque pueden visualizar las posibilidades. Cuando se enfrentan a un problema, ven soluciones que otras personas no pueden. Cuando el mundo no tiene respuestas, ellas son las personas que ven oportunidades en lugar de un mundo lleno de desafíos y problemas.

Tampoco estoy abogando por un optimismo ciego, pero quiero reconocer el importante papel que juega el optimismo en la logística. Los optimistas son los que resuelven los problemas, quienes le dirán como pueden funcionar las cosas o le darán las ideas que le traerán dinero. La regla empírica dice que siempre debe tener un optimista en su equipo, especialmente cuando está en una situación difícil o no tiene ideas.

Encontrar los escenarios más probables

El realista es la maquina logística óptima. Desafortunadamente, la gente sólo se considera realista después de ser acusada de pesimista. Es imposible ser completamente imparcial y tener siempre todos los datos necesarios. Los especialistas en logística necesitan tomar decisiones lógicas con la mayor cantidad de información posible. Necesitamos conocer todos los recursos a nuestra disposición, los productos que estamos moviendo, las restricciones de la carretera (tanto físicas como legales), y necesitamos tener planes y expectativas realistas para sobresalir en nuestro oficio elegido.

El camino hacia el realismo comienza con algunos axiomas que atarán su realidad. Cree unas pocas creencias inquebrantables para asegurar todas las demás. No puedo decirle como deberían ser todas. Varían según la persona, la industria y la situación; pero puedo darle algunas pautas que le ayudarán a pensar en el camino correcto. Trato de evitar los clichés en la medida de lo posible, pero muchos de ellos son buenos axiomas.

1. La Ley de Murphy: todo lo que puede salir mal, saldrá mal, así que esté atento y preparado.

2. Lo que no conoce, puede hacerle daño. Dedique tiempo a mejorar diariamente, leer, recorrer escenarios, perfeccionar sus procesos, entre otras cosas.

3. Cada persona ve el mundo de manera diferente, la palabra "rápido" para usted puede significar algo diferente para sus empleados, sus compañeros de trabajo, sus compañeros de equipo, sus clientes. Siempre sea lo más específico y claro posible.

Si no aprende nada más de este libro, esos tres axiomas por sí solos lo convertirán en un mejor experto en logística. A medida que avancemos, iré utilizando más tecnicismos y práctica, así que espero que usted pueda aplicar los axiomas más particulares a su situación.

EL OBJETIVO HACE AL EXPERTO EN LOGÍSTICA

Existen múltiples tipos de expertos en logística, dependiendo de la industria, el campo, la experiencia, entre otros. No hay una buena manera de consolidarlos y enseñar información específica para todos ellos en un solo libro. Un experto de logística en el campo medico siempre será diferente al del ámbito militar, que siempre será diferente al del campo corporativo. Sin embargo, dado que muchas de las habilidades son transferibles, espero que este libro sea útil para cada tipo de expertos en logística de una manera u otra. Para ayudar con eso, he categorizado los diferentes tipos de expertos en logística de acuerdo al objetivo final.

El experto en logística que da importancia a los resultados

El primer tipo de experto en logística es

simplemente el tipo que se esmera en hacer su trabajo. El que cuyo jefe dice: "no me importa como lo haga, sólo hágalo". Este tipo de profesional se enfrenta a las limitaciones de situaciones poco comunes, plazos ajustados y metodologías flexibles. Por lo general, no se preocupan por el dinero hasta más adelante, los recursos necesarios varían mucho dependiendo de la situación, y la creatividad es un conjunto de habilidades esenciales.

La habilidad más importante para este tipo de experto en logística es el ingenio. Si en su vida actual este es el tipo de profesional de la logística que necesita ser, le recomiendo pasar mucho tiempo leyendo (tanto libros como artículos), mantenerse al día con la tecnología y practicar pasatiempos creativos que agudizarán su ingenio y lo harán más apto para esos requisitos logísticos (escribir, pintar, construir cosas, entre otros).

El optimizador

Este tipo de experto en logística se preocupa por una cosa: la optimización de las ganancias. El profesional cuyo jefe dice: "quiero que gaste lo mínimo posible y aun así haga el trabajo". Este experto en logística, ya sea en una pequeña empresa o en una gran corporación, es responsable de trasladar las cosas de un lugar a otro al menor costo. Con toda la responsabilidad que esta posición conlleva, es importante operar entre las líneas de ahorrar dinero y asegurarse de que el trabajo se ejecute.

El conjunto de habilidades más importante para este tipo de expertos en logística es la gestión de datos. El seguimiento, el análisis y la comprensión de los datos son herramientas cruciales para la gestión de costos y para garantizar que el trabajo se siga realizando. Este profesional debe dedicar algún tiempo a afinar sus habilidades tecnológicas, aprender a usar Excel, trabajar con "rompecabezas" y leer algunos libros de negocios sobre manejo de datos, administración del tiempo y prácticas de negocios exitosas de compañías de clase mundial.

El experto en logística de emergencias

La tercera categoría es la del experto de logística de emergencias. Usualmente, esta persona es llamada cuando todo ha salido mal; es el experto que llega para sacar a todos los demás de problemas. Estos profesionales pueden conseguir que se escriban libros y películas sobre ellos, pero los errores pueden ser el final de su carrera. Esta es también la categoría en la que todos los expertos en logística se verán involucrados y que a menudo deben manejar sin mucha ayuda.

Ya sea que usted sea regularmente la persona que salva el pellejo de todos o que la vida lo haya metido en una situación de "triunfar o morir", el experto en logística de emergencia necesita tener recursos. No me refiero necesariamente al dinero, aunque siempre es un recurso importante con el cual contar, sino que a saber exactamente a quien llamar para pedir ayuda en cualquier situación. Tener herramientas y conjuntos de habilidades especializadas o conocer a las personas que tienen esos conjuntos de habilidades lo sacará de problemas. El experto en logística de emergencias necesita entender la tecnología disponible y usarla para resolver problemas de maneras que no se han visto antes. Para este profesional de la logística es importante trabajar en red con regularidad, mantenerse al día con la tecnología y mantener algunos ases bajo la manga.

El maestro de la logística

El maestro de la logística es un título que reservaría solo para aquellos que hayan dominado los tres tipos anteriores de categorías de profesionales de la logística. El objetivo final es ser capaz de manejar todas las situaciones imaginables, utilizando sus poderes logísticos para crear soluciones creativas; manipular datos para probar, rastrear y respaldar sus decisiones y tener los recursos para hacer cambios y prevenir situaciones de alto estrés a gran escala.

El maestro de la logística es la persona que ha

dedicado su carrera profesional a dominar el arte de la logística en su campo y puede manejar cualquier situación que se presente. Para ser este tipo de especialista, usted debe practicar activamente todas las recomendaciones mencionadas anteriormente y poner a prueba continuamente sus habilidades en su campo respectivo.

Las cosas pasan

Como en la vida, la única certeza en la logística es que las cosas saldrán mal. Las cosas pasan, simple y llanamente, y alguien va a tener que lidiar con ello. Ya sea que se base en malas decisiones o en fuerzas incontrolables de la naturaleza, este es un campo desordenado y lleno de incertidumbres.

Combatir incendios

Una vez que "se destapa la olla", ¿cómo maneja el problema? Dependiendo de la situación, la solución variará, pero hay algunas pautas que le ayudaran a abordar los problemas más grandes.

El primer consejo, y el más obvio, es asegurarse de que haya un problema. Con demasiada frecuencia, algo se eleva hasta la cima de la cadena corporativa con lo que se creía que era un problema, sólo para descubrir que se trataba de alguien que enloqueció y creó una gran montaña a partir de unos pocos troncos.

El próximo consejo es uno que se ha transmitido de generación en generación: mida dos veces, corte una. Una y otra vez, la gente toma decisiones precipitadas en situaciones de emergencia, sin calcular completamente, o sin comprender la situación, sólo para tener la solución al problema y agravar las cosas, o peor aún, ¡crear más problemas! Este tipo de efecto de bola de nieve es de donde me imagino que viene la frase "las desgracias nunca vienen solas".

El tercer consejo para combatir incendios es asegurarse de que el fuego se apague completamente. Con demasiada frecuencia, las personas deciden una solución rápida a un problema y lo transmiten a otra persona para que lo resuelva o retrase. Asegurarse de que el fuego está completamente apagado significa encontrar la verdadera causa de los problemas y asegurarse de que abordamos esos problemas en lugar de solo los síntomas.

Cabeza fría

Lo segundo más importante que se debe hacer cuando sucede lo inesperado, es simplemente mantener la cabeza fría. Después de una cuidadosa reflexión y deliberación, decidí prestar especial atención a este tema debido a su importancia para la logística.

Todo el mundo sabe que mantener la cabeza fría en una emergencia puede ser difícil y a su vez extremadamente gratificante. Discutiré más adelante los efectos sutiles de mantener la calma durante las crisis logísticas y los métodos para practicar activamente esta habilidad esencial para la vida.

El primer efecto adverso que viene del pánico es que su visión de la realidad se distorsiona inmediatamente. Actuar por miedo o pánico hará que usted se vea atrapado en el problema y no reconocerá todas esas soluciones que están disponibles. Una decisión tomada durante momentos así frecuentemente empeorará el problema.

Un problema más grande con la ansiedad de rendimiento logístico es olvidarse de comprobar si, para empezar, se trata de un problema. No puedo recordar cuantas veces he visto a gente perder la cabeza tratando de rescatar una carga caída, sólo para descubrir más tarde que el contenido no era urgente, así que tenían todo el tiempo del mundo para llevarlo a su destino.

El punto final para mantener la calma es simplemente evitar errores. A menudo nuestras emociones nos llevan a cometer errores adicionales que agravan la situación. Cometer errores puede hacer que sus desafíos empeoren, resultando en una espiral descendente. El balance de probabilidades sugiere que mientras que algunas cosas malas pueden suceder durante el día, es probable que mientras más cosas vayan mal, más probable es que sean autoinfligidas.

Por ejemplo, una persona envuelta en un problema puede fácilmente descuidarse y derramar su café, puede no darse cuenta de la velocidad a la que conduce, puede no seguir todos los procedimientos necesarios en el trabajo, puede arremeter contra un compañero o un jefe y ser despedido, puede olvidar una cita importante con su novia y ser abandonado, puede beber demasiado y ser arrestado y puede olvidar una reunión importante, entre otros. Comprender este concepto y ponerlo en práctica es crucial para los profesionales de la logística. Este estilo de vida devorará su voluntad si cada vez que algo va mal con la logística, deja que lo lleve por una espiral oscura. Mantener la calma es también una buena habilidad para la vida que se debe dominar. Ya sea que se trate de su trabajo o de problemas personales, se aplica el mismo concepto.

Aprender de la experiencia

Fallar. Ajustar. Continuar. Siempre al frente y de manera simple. El problema con los consejos simples, sin embargo, es que son fáciles de ignorar y olvidar. A continuación, se presentan algunos de los matices más sutiles para hacer que aprender de la experiencia sea un plan sólido para vivir.

El fracaso a menudo es visto muy negativamente por el mundo. Una de las maneras de eliminar la connotación negativa es aceptar que el mundo continúa, un hecho que conocíamos de niños, pero que, con el paso de los años, hemos olvidado. Cuando éramos niños, comprendimos que todo lo que pasamos era simplemente una experiencia de aprendizaje para prepararnos para el futuro. Cuando llegamos a la edad adulta, nuestra expectativa generalmente cambia: el fracaso ya no es una opción. Con frecuencia, exageramos la gravedad de la situación en nuestras cabezas sin ver todos los hechos. Esto no quiere decir que algunos errores puedan tener consecuencias nefastas, pero el mundo sigue adelante, adaptándose a lo que sucede en él.

Al final del día, si lo despiden, conseguirá un nuevo trabajo. Si usted deja caer un envío, el negocio continuará. Si su negocio quiebra, usted comenzará un nuevo camino. El día comenzará de nuevo mañana, y una nueva oportunidad se presentará ante usted. Muchos se centran en lo que sucede si el mundo se acaba, pero no pueden planear lo que pasa si el mundo sigue adelante.

El experto en logística debe centrarse en un problema más grande que el del fin del mundo: el mundo sigue adelante. El mundo se convertirá en un problema mayor si dejamos que nuestros errores se acumulen, se intensifiquen y se conviertan en una bola de nieve. Así que la gente exitosa se adapta. Ellos toman cada fracaso como una oportunidad de aprendizaje, y cada error como una señal para mejorar los planes y procedimientos.

Hay varios caminos que puede tomar mientras aprende de sus errores. Algunos de los más comunes incluyen:

Aprender sobre la marcha. Cada vez que obtenga un resultado no deseado, analice el problema, formule una teoría, pruébela en la siguiente ocasión similar y continúe hasta que el problema desaparezca. Repita con cada nuevo problema. Este procedimiento puede tomar tiempo, pero está probado y es verdadero.

Una alternativa superior a aprender de su error sería aprender del error de los demás. Al investigar, estudiar, leer y pensar, usted puede encontrar otras maneras de triunfar donde ellos fracasaron. Este método es el que le ahorra el dolor del aprendizaje de la escuela de los golpes duros.

¿Qué pasa si sus errores no son obvios? Los problemas complejos requieren métodos complejos de investigación, pero una vez que se entienden completamente, a menudo tienen soluciones simples. El uso de métodos como los cinco por qué, los diagramas de causa y efecto (diagrama de Ishikawa) y el análisis de la causa raíz, puede ayudarlo a reducir estos tipos de problemas y acercarlo a encontrar una solución sencilla.

Si no puede encontrar una solución a un problema específico, pero ha hecho su investigación, ha trabajado en el problema y ha dado todo lo que ha podido, entonces siempre hay que conformarse con lo mejor que está por venir. Algunos problemas no siempre tendrán la solución que usted desea, pero pueden tener una variedad de soluciones con diferentes grados de atractivo para usted.

Fallar. Ajustar. Continuar.

Obstáculos y errores

Ahora que hemos cubierto la posibilidad de cometer errores y hemos enfatizado el hecho de que deben ser aprovechados como oportunidades para mejorar nuestros procesos, es el momento de examinar más de cerca algunos de los errores más comunes relacionados con la logística de transporte. También vale la pena señalar que esta es la parte del libro en la que empezamos a ser un poco más técnicos, sin embargo, habrá un énfasis continuo no solo en la forma en que estos problemas afectan a la logística del transporte, sino también en cómo pueden ser utilizados para mejorar la vida diaria de una persona.

No hay suficiente información

La primera dificultad tiene amplias implicaciones no solo en el campo del transporte, sino en todos los demás aspectos de la vida de una persona. Es la falta de información coherente y exhaustiva. Este problema afecta a la mayoría de las empresas, pero es particularmente tóxico y peligroso para las empresas más pequeñas. Los errores pueden ser costosos, pero el lado positivo en este caso es que son más fáciles de arreglar en las empresas más pequeñas que en las más grandes.

Lo que no conoce puede hacerle daño

Supongamos que está conduciendo, pero sin saberlo, los pernos de la llanta izquierda de su automóvil no estaban bien ajustados. Tal vez un conductor o un mecánico experimentado pueda reconocer el ligero movimiento del vehículo mientras las ruedas luchan contra la carretera, pero la mayoría de la gente, especialmente los que escuchan música alta mientras conducen, puede que no reconozcan las señales sutiles.

Pasemos a un ejemplo más extremo, pero no inaudito. Su compañía de camiones tiene un camión de consolidación que va de Texas a Canadá. Uno de sus clientes decide enviar explosivos con usted, dado que usted tiene los permisos y garantías adecuadas, pero otra compañía también decide que quiere enviar materiales inflamables en su misma consolidación. Cuando expreso esto en esos términos simples, es fácil ver el problema aquí. Ahora, aquí es cuando todo se complica: ¿Qué pasa si la persona que carga el camión es un trabajador nuevo que no sabe cómo leer las etiquetas de señalización de mercancías peligrosas? O ¿qué pasa si son dos personas diferentes las que cargan el camión? O peor aún, ¿qué pasa si una de esas compañías accidentalmente etiquetó mal su material, y no está etiquetado como peligroso? ¿Qué pasa si la persona que se supone que debe revisar estas cosas (generalmente el conductor) tiene un bebé de pocos meses y no ha dormido bien?

Una de las bellezas de la logística de transporte es el esfuerzo humano conjunto para realizar una tarea. En una solicitud de transporte determinada, hay un pelotón de personas que deben mover el envío del punto A al punto B; la desventaja es que cualquier error de cualquiera de estas personas puede ser peligroso, o incluso fatal.

Los errores cuestan dinero

La sangre de cualquier negocio es el dinero. El dinero es lo que mantiene el espectáculo en marcha. Es la razón por la que los empleados se presentan a trabajar todos los días. Es la razón por la que otras compañías están de acuerdo en hacer negocios con usted, y es la razón por la que una compañía crece y prospera. Los errores desangran las cuentas bancarias. Digamos que su compañía contrata a un conductor de camión joven sin mucha experiencia, de modo que usted puede salirse con la suya pagándole menos de lo que le paga a un conductor experimentado. Mientras su camión de dieciocho ruedas va por la carretera, un conductor idiota no presta atención y se interpone ante él y frena de repente. El joven conductor también frena repentinamente y gira el camión, volteándolo y golpeando a otros automóviles. Vemos todos los gastos que pueden surgir de esto. Primero, la prima del seguro sube para la compañía. Eso es ahora dinero extra gastado mensualmente. El conductor del camión de dieciocho ruedas podría ser despedido, por lo que habrá costos adicionales para contratar y capacitar a un nuevo empleado, además de cualquier costo de reparaciones a los vehículos de la compañía. El gobierno puede imponer multas y cargos adicionales por infracciones percibidas. Puede haber pérdida adicional de negocios debido a la mala prensa y cobertura. No tengo que darle las cantidades exactas para demostrarle que eso es mucho dinero perdido allí mismo, y ni siquiera fue un error de su conductor. Para una compañía más pequeña o en dificultades, esto podría significar la bancarrota. Sus puertas se cerrarían, sus empleados perderían sus trabajos, y el negocio por el cual usted trabajó tan duro durante toda su vida para construirlo se desmoronaría lentamente frente a sus ojos.

Hay un abundante número de abogados en la televisión que apuntan a las dieciocho ruedas como objetivo principal de sus campañas publicitarias. ¿Por qué? No soy abogado, pero si tuviera que adivinar, sería dinero fácil. Los vehículos de dieciocho ruedas son caros, por lo general las empresas que los necesitan tienen dinero, y, de una u otra manera, la responsabilidad siempre puede ser atribuida al conductor del vehículo grande (por muy injusto que sea). Múltiples argumentos contra el conductor pueden ser utilizados para describirlo como la parte responsable. Además, todos los vehículos de transporte comercial están obligados a tener seguro, lo que implica mucho dinero por cualquier persona herida en el incidente.

Los errores cuestan vidas humanas

Usando el ejemplo anterior, ese pequeño error de juicio podría haber sido fatal, y algo que el dinero no puede comprar es la vida de una persona. Pero cuando se comenten errores por falta de información, descuidos y, en el peor de los casos, negligencia, son inexcusables; la debida diligencia podría haber evitado el accidente.

La muerte en la industria es mala para todos. La empresa sufre, así como los compañeros de trabajo, el público, los padres, las madres, los hermanos y los niños. La mayoría de las empresas (especialmente las experimentadas) dedican gran cantidad de tiempo y recursos a la formación, enseñanza y perfeccionamiento de los procesos para evitar el mayor número de accidentes posible. Este es uno de los casos en lo que los intereses de la empresa se alinean con los intereses de los empleados, y en los que más se pueden realizar implementaciones, porque todas las partes pueden dirigir sus esfuerzos en una sola y unificada dirección: la mejora.

La mejora (incluso aquella motivada por el

miedo a la muerte) es buena. El concepto de mejora es uno de los conceptos más poderosos que se conocen, porque es único en el hombre. Cuando Darwin escribió *El origen de las especies*, no pudo prever la amplia gama de aplicaciones que tendría su teoría o las personas a las que beneficiaría, porque en última instancia no es el más apto el que sobrevive, sino el más adaptable al cambio. La teoría, sin embargo, después de que se hizo más aceptada públicamente, comenzó a resonar con los capitalistas. Una empresa debe adaptarse a su entorno para prosperar y sobrevivir, y solo puede hacerlo a través de la mejora. Este concepto no es exactamente alucinante para esta generación, pero tiene su lugar en la historia entre las ideas que dieron forma a la sociedad.

Aunque no puedo cubrir en este libro todas las diferentes formas en que una empresa puede evolucionar hacia el éxito, puedo afirmar lo que considero la forma de mayor impacto y bajo costo en que una empresa puede sobrevivir y prosperar: arreglando la cadena de información y los procesos, una de las mayores áreas de oportunidad y riesgo por las que la mayoría de las empresas prosperan o caen.

El juego del teléfono descompuesto

Aquí está lo que considero que es la manera

más fácil de prevenir la mayoría de los problemas de logística: la transferencia de información desde el punto de origen al de destino. El mundo de la logística de transporte a menudo se centra tanto en el producto que se transporta que se olvida de la información que acompaña al mismo. La información es a menudo dejada de lado, ya que se suele dar más importancia a la carga primaria que es transportada. Para los aficionados al fútbol en la audiencia, la carga puede ser considerada como la "ofensiva" en su compañía, la que le trae su dinero; pero para ganar partidos, también necesita una "defensa" de clase mundial, que es su información, el recurso que evita que usted pierda dinero.

La primera forma en que he visto cómo la información se deteriora es a través del intercambio de manos. Si recuerda el juego del teléfono descompuesto de cuando éramos niños, este concepto va a sonar vagamente familiar. Una persona susurra al oído de la otra, quien a su vez se lo susurra a la otra, y al final terminamos con un mensaje tergiversado e irreconocible del original.

¿Quién hubiera pensado que durante el 3er grado experimentaríamos el principal problema con el que las industrian continúan luchando hoy en día?

A medida que la información pasa de una persona a otra, el mensaje se distorsiona. Este sistema lineal de información, en el que diferentes partes tienen diferentes piezas de los rompecabezas relevantes para la logística final del transporte, es ineficiente y peligroso, en especial si no se maneja adecuadamente. Sin embargo, seré mi propio abogado del diablo aquí y diré que sí funciona. Se puede trabajar así. No todo se distorsiona al punto de ser perjudicial, y algunas compañías lo hacen mejor que otras. Sin embargo, esta metodología deja un gran punto ciego a lo largo de la cadena de suministro cuando se trata de vulnerabilidad y riesgos.

Mala información, malos resultados

La mejor analogía que se me ocurre para ilustrar este defecto es su automóvil. Mientras un automóvil viejo, pegado con cinta y con piezas de mil vehículos diferentes le podría llevar a donde necesita ir, es mucho mejor tener un vehículo donde todas las piezas trabajan bien, y fueron diseñadas para encajar perfectamente. Esta es la forma en que trabaja la mayoría de las empresas. Tienen una multitud de programas mal conectados e interconectados, tratando incoherentemente de comunicarse entre sí. He aquí el factor de riesgo: muchas personas intentan seguir adelante con su día a día, lidiando con procesos ineficaces. Por ejemplo:

Una herramienta se daña en un sitio de perforación a medianoche y no tiene una de repuesto. La perforación se detiene, y la compañía está perdiendo tiempo valioso de producción e incurriendo en muchos gastos. El ingeniero de campo corre a su computadora y solicita que se le envíe inmediatamente una pieza de repuesto. El almacén al otro lado de la ciudad donde se encuentran las herramientas de respaldo está abierto de 6:00 a.m. a 5:00 p.m. A las 6:00 a.m., el primer empleado entra en la oficina. Abre su computadora, los correos electrónicos empiezan a cargarse, se levanta para tomar una taza de café de la sala de descanso. De regreso a su escritorio, saluda al resto de los empleados que entran al trabajo y conversan. Cuando finalmente llega a su escritorio y comienza a trabajar, empieza con los correos electrónicos que llegaron después de que se fue a las 5:00 p.m. del día anterior. Cuando finalmente avanza a través de las siete horas de correos electrónicos de la noche anterior, se da cuenta del problema. Para entonces, el equipo ha estado inactivo durante aproximadamente ocho horas. El almacén también está bajo una nueva y estricta política que requiere que este trabajador llame primero a todas las compañías de transporte de bajo costo para ahorrar dinero. Así que, agarra el teléfono y empieza a llamar a las compañías de bajo costo con poca capacidad y un servicio terrible para que vengan a buscar la herramienta. Puede que tarde unos 30 minutos. Imaginemos aquí que este es un despachador experimentado, y que, de todo lo que podría salir mal, nada sale mal (problemas con el sistema, problemas telefónicos, errores de la compañía de transporte, errores del solicitante, entre otros). La compañía de transporte recoge la herramienta y la lleva a través de la ciudad hasta el pozo. Aproximadamente pasan 2 horas desde la carga, entrega y descarga. ¿Cuál es el recuento de las horas de trabajo perdidas? Unas diez horas y media. ¿Y el costo del error? Unos pocos cientos de miles de dólares. ¿Número de ideas de sentido común que podrían haber prevenido/arreglado/controlado este problema? Múltiples.

Ahora vamos a explorar el mismo problema unos meses después de que se implementa un proceso completamente integrado y se configuran los sistemas de buena manera. Esto equivale a cambiar su vieja chatarra por un automóvil nuevo, bien engrasado y de alto desempeño.

Una herramienta se daña a medianoche. El ingeniero ingresa inmediatamente la solicitud desde el almacén y hace un seguimiento por teléfono con el despachador del almacén recién contratado para el turno de la noche. Inmediatamente llaman al transportista que SABEN que tiene los camiones en espera, listos para situaciones como ésta. Un camión es despachado inmediatamente. No se encuentra con ningún tráfico al recoger o dejar la carga porque aún es de noche. La herramienta llega al lugar de perforación, que estará funcionando en hora y media aproximadamente. A pesar de los cien dólares por noche por el nuevo salario del despachador y el mayor costo del servicio del camión usado para situaciones de emergencia, el nuevo sistema acaba de ahorrarle a las compañías 80% de los costos de no funcionamiento del equipo que sufrieron en el escenario anterior.

Por supuesto, esta no es la única manera de resolver el problema. Hay muchas soluciones posibles para este escenario, que van desde tener herramientas de respaldo para procesos críticos, hasta enviar a un trabajador del equipo a recoger la herramienta por sí mismo; pero nada de eso habría sido tan dinámico còmo en esta ilustración.

A menudo, las soluciones más simples son las mejores. Sin embargo, he notado que el caso de las grandes empresas es que a veces pueden ser un poco voluminosas y estar encerradas en sus propios procesos. Salir de la compañía para arreglar el problema a veces puede causar problemas más grandes. Para ese tipo de situaciones, a menudo es mejor involucrar al nivel apropiado de gestión para lograr un cambio significativo. Un consejo para todos aquellos que no están totalmente acostumbrados a la gestión operativa dentro de las grandes organizaciones: a menudo se recomienda enmarcar las soluciones en términos de dinero. Una vez que la gerencia es consciente de cuánto cuesta la ineficiencia y cuánto podría ahorrar una solución, se inclinaría más por añadirla a su apretada agenda. Cualquier consejo adicional sobre este tema podría requerir la publicación de otro libro.

El que pierde su cabeza

Si alguna vez ha tenido un trabajo que tiene un proceso ineficaz, entonces entiende lo difícil y molesto que es estar sentado en su escritorio tratando de hacer su trabajo sin poder mover los problemas a una etapa de solución. Utilizando el ejemplo anterior, si usted fuese el ingeniero de campo en la situación inicial, estaría contando los minutos después de que se ha presentado la solicitud, a la espera de la verificación del envío. A juzgar por las matemáticas en su cabeza, cada minuto que pasa se lleva por el desagüe unos cientos de dólares para la compañía y posiblemente le cueste su trabajo. Se desesperará. ¿Cuáles son sus opciones?

Dependiendo de su situación, las opciones disponibles para usted van a ser diferentes. Si recuerda el capítulo anterior, aquí es donde el ingenio de un experto de logística de emergencias puede significar la diferencia entre tener un trabajo o no.

Este es también el momento en el que hay que estar alerta para evitar más errores. Actuar bajo tal estrés puede llevarlo a cometer errores que agravarían el problema.

Un error que puede cometer mientras está luchando desesperadamente por hacer su trabajo, puede ser decidir hacer el trabajo del despachador y llamar al transportista usted mismo. Esto puede ahorrarle tiempo, pero puede abrir paso al riesgo de que lleguen a un almacén cerrado, que recojan la herramienta equivocada, que se pierdan debido a direcciones incorrectas o elegir una compañía de baja calidad de servicio que dañe la herramienta en el camino hacia el lugar de perforación. Dañar o perder la herramienta de respaldo para una operación critica después de que la herramienta principal haya fallado solo agravaría aún más la situación, y aunque se podría decir que esta es la excepción, o que rara vez ocurre, yo diría que errores como estos son más probables cuanto más hay en juego. Un pequeño error puede añadir unos pocos cientos de dólares a la cuenta final, uno grande puede añadir unos pocos cientos de miles. De cualquier manera, es una carga adicional e innecesaria.

El ingenio y la precaución que son críticos para salvar situaciones como estas son la razón principal para mantener la calma, y aunque entiendo que es más difícil para algunas personas que para otras, es sin embargo una habilidad crucial que puede ser practicada diligente y concienzudamente.

Expectativas poco realistas

Las expectativas poco realistas son la causa más común de los problemas de comunicación. Hay algunas razones para ello. La primera es que cada persona tiene diferentes marcos de referencia que afectan su percepción de un problema. Este es un ejercicio que me encontré en un seminario de liderazgo hace unos años: si se instruye a una sala llena de gente para que llene un globo hasta un tamaño mediano, el resultado sería que todo el mundo terminaría con globos de diferentes tamaños. Cada persona tiene una comprensión diferente de la palabra *mediano*, y no hay un marco de referencia especifico, aparte de sus propias experiencias. Como líder, si usted da una instrucción, y los resultados son variados como en el ejemplo del globo, es lógico que, en lugar de enfadarse con sus empleados por obtener diferentes resultados, debería reformular sus instrucciones más claramente y con más detalles e información. Por ejemplo, una manera más precisa de instruir a aquel grupo con respecto a los globos, seria instruir a los participantes para que llenen el globo hasta el tamaño de un melón. La instrucción más precisa reducirá las variaciones de tamaño a medida que la gente intenta acercarse al tamaño del melón. Esto no hará que la instrucción sea perfecta, pero es una manera de empezar a entender las expectativas en el contexto de la variabilidad de las instrucciones y los errores.

Entender las expectativas en el contexto de la instrucción y la variabilidad de errores tiene dos implicaciones importantes. La primera es que empezamos a entender los puntos de control que tenemos disponibles para el resultado de la interacción. La segunda implicación es que podemos usar eso como un punto de partida para el análisis de todas las cosas que podrían salir mal, y podemos empezar a maniobrar contra ellas.

La mayoría de las personas verá la gran diferencia al poner esto en un contexto social. Cuando le dice a un grupo grande de personas que una fiesta comienza a las 8:00 p.m., solo una pequeña parte de ellos se presentará a las 8:00 p.m., mientras que la mayoría se presentará entre las 8:15 p.m. y las 10:00 p.m. Si, sin embargo, le dice a un número igualmente grande de personas que sus entrevistas de trabajo comienzan a las 8:00 a.m., la mayoría de la gente se presentará entre las 7:30 a.m. y las 7:55 a.m. Aunque la mayoría de la gente se apresuraría a atribuir esto al contexto, y estarían parcialmente en lo cierto, no podemos ignorar la variabilidad que se correlaciona con las diferentes interpretaciones de la expectativa que enmarca la solicitud.

El jefe no siempre tiene la razón

Usted lo sabe, yo lo sé, el mundo lo sabe: su jefe no siempre tiene la razón. Es posible que su jefe ni siquiera tenga la razón la mayor parte del tiempo, es por esto que la siguiente sección va a ser muy importante. Hay algunos elementos clave que la mayoría de las personas notan que están en juego cuando interactúan con sus superiores en el trabajo. El primer dilema del que nadie quiere hablar es que desagradar a su jefe lo puede llevar a unas vacaciones prolongadas en la fila de desempleados.

Solo este motivo llevará a la mayoría de las personas a modificar su comportamiento, ya sea por miedo o por una preocupación comprensible.

La siguiente dinámica es la tendencia a creer que ellos saben más que usted. Tal vez por antigüedad en la empresa, o simplemente por su cargo. En teoría, a los jefes se les paga más porque se supone que deben saber más, lo que no siempre es el caso. Es interesante ver que esta dinámica se rompe cuando el empleado tiene antigüedad o ambas personas empezaron a trabajar en la misma empresa al mismo tiempo.

La siguiente dinámica al tratar con un superior es simplemente una cuestión de sentido común. Cuando hablamos con nuestros superiores, algunos de nosotros tendemos a exagerar nuestros logros y minimizar nuestros errores y defectos para vernos mejor. No hay nada de malo en ello, pero tenemos que ser conscientes de eso; hablaremos de esto en breve.

Descargo de Responsabilidad: seguir mi consejo puede hacer que lo despidan, si lo sigue incorrectamente; considérese advertido, y por favor tome en consideración todos los detalles antes de ir por ahí con mi consejo como un niño pequeño corriendo con tijeras.

Tener una relación honesta con su jefe hace que los siguientes consejos sean más fáciles de seguir. Sé que no todo el mundo tiene este tipo de relación o tiene esperanza en ello, en cuyo caso mi consejo será más difícil de poner en práctica, pero aun así, vale la pena ponerlo en práctica en la medida en que la relación lo permita.

Ser un trabajador "lamebotas" puede meterlo en muchos problemas al presionarlo para que acepte tareas imposibles y condenadas al fracaso. En lugar de decir siempre que sí y ponerse bajo un inmenso estrés solo para fracasar al final, dedique tiempo a reconocer las situaciones perjudiciales y a alejarse de ellas.

Si usted es un joven profesional en una nueva compañía que trabaja en logística, le sugiero que confíe en sus compañeros de trabajo experimentados para que lo asesoren. Puede haber casos en los que su jefe le pida que haga algo imposible. Con el mayor tacto posible, hágale saber sus preocupaciones, pídale consejos y recursos para lograr lo que le pidió o para cambiar las expectativas desde el principio acerca de lo que es posible. Tomar la palabra de su jefe como un evangelio, lo llevará a muchas noches estresantes y mañanas terribles.

Con frecuencia, usted y su superior tendrán objetivos contradictorios. Aunque este tema por sí solo requeriría la comprensión de un libro entero de teoría de juegos, intentaré resumir los propósitos dinámicos de este libro. Como especialista en logística, su objetivo podría ser simplemente mover la carga del punto A al punto B, mientras que para su jefe esto podría ser una prioridad secundaria. Sus primeras prioridades podrían ser mantener el negocio a flote, adquirir nuevos clientes, hacer crecer el negocio o gestionar sus proyectos. En el caso de que usted sea el dueño de una pequeña empresa, donde es su propio jefe y que debe manejar su propia logística,

¡ESTO APLICA DE IGUAL FORMA! Siempre reflexione. Antes de prometer una fecha de entrega a su cliente, pregúntese si es factible desde el punto de vista logístico, legal y financiero. Mientras que algunas cosas pueden ser factibles de una manera, pueden no serlo en otra.

Qué es posible vs. qué es factible

Hablemos de un gran problema en logística, lo posible vs lo factible. De hecho, es posible mover 45,000 libras (22.5 toneladas) de productos desde Houston, Texas, hasta la Bahía de Prudhoe, Alaska, de un día para otro por unos pocos cientos de miles de dólares. Sería un milagro absoluto de la capacidad humana ser capaz de hacer algo así. Sin embargo, lo más probable es que la mayoría de las compañías de ese nivel de servicio opinarían simplemente que no vale la pena arruinar el resultado final; es inviable desde el punto de vista financiero.

Según Google Maps, ese mismo viaje por carretera debería ser de 80 horas o 3.3 días y costaría entre 10,000 y 20,000 dólares. Esto podría ser una carga más fácil de soportar para la compañía, pero si doy exactamente 80 horas para mover tanto peso de Houston a la Bahía de Prudhoe, puedo garantizar que siempre se tardará mucho más. Además, estaríamos ignorando las restricciones del Departamento de Transporte (DOT) que prohíbe que los vehículos comerciales operados por un solo conductor conduzcan más de once horas seguidas, antes de tener que descansar durante diez horas. Esto se monitorea ahora con registros electrónicos, por lo que la solución de conducir por ochenta horas seguidas no es legalmente viable.

Una vez calculados los descansos obligatorios, estaríamos más cerca de las 150 horas o 6.3 días. Por si acaso, analicemos una opción un poco más costosa de cumplir con la fecha límite. Algunos camiones grandes tienen un compartimiento para dormir, por lo que pueden ser conducidos por un equipo de conductores. Esto evitaría la restricción del DOT de tener que parar cada 11 horas y nos lleva de vuelta al escenario de 80 horas de viaje. Incluso con el equipo de conductores, este viaje no es factible en 6,3 días debido a la última característica de la logística (y a menudo olvidada): el factor humano.

Las necesidades personales básicas (descanso para ir al baño, desayuno, almuerzo, cena, ducha, elongar el cuerpo y otras), además de las condiciones de la carretera, el tráfico, el clima, las inspecciones fronterizas, las paradas para recargar combustible, los horarios de carga y descarga, las inspecciones policiales inesperadas, los neumáticos desinflados, entre otros, son factores que se sumarían en un tiempo variable a tener en cuenta. Por lo tanto, aunque el equipo de conductores haría todo legal y financieramente factible, no sería logísticamente factible, a menos que consideremos todas las actividades no negociables de tiempo añadido que esto requeriría.

Incluso Google Maps añade una cláusula de exención de responsabilidad con esta ruta: "Estas instrucciones son sólo para fines de planificación. Es posible que descubra que los proyectos de construcción, el tráfico, el clima u otros eventos pueden hacer que las condiciones difieran de los resultados del mapa, por lo que debe planificar su ruta. Debe obedecer todas las señales o advertencias relativas a su ruta".

Así que aquí están las preguntas básicas a tener en cuenta al planear cosas como esta:

1. ¿Es físicamente posible hacerlo?
2. ¿Es legal hacerlo?
3. ¿Puedo darme el lujo de hacerlo?
4. ¿Qué puede detenerme o retrasarme en mi recorrido?

Después de que usted haya contestado esas 4 preguntas, el resto serán tecnicismos. Explicaré este tema un poco más adelante para profundizar más en todos los detalles y matices. También incluiré algunos documentos de apoyo al final del libro como referencia.

El costo de ejecutar lo planeado

"Si puede medirlo, puede controlarlo". Este es un decir popular que ronda en la mayoría de los negocios. Cuanto más grande es el negocio, más atractivo es ponerle una cifra a todo; y como he venido a descubrir, esto a menudo no es del todo exacto por varias razones:

El primer y mayor problema es el error humano. La gente a menudo se ve tan envuelta en poner números a todo de forma que sea del agrado de sus superiores, que a menudo se van por los números más fáciles de obtener, en lugar de los números relevantes. Filtran automáticamente los números que los hacen lucir bien y los maquillan para lucir aún mejor. Sólo cuando hay un problema obvio, la gente parece echar un vistazo más honesto a los números el tiempo suficiente para encontrar algo a lo que señalar con el dedo, en lugar de entender cómo encajan todas las piezas y los números.

Imagine a su gerente entrando en una reunión mensual diciendo "Equipo, tengo buenas noticias, he encontrado una forma de ahorrar miles de dólares en esta empresa". Si usted es como yo, su primer pensamiento va a ser "¿qué diablos es esto?", porque en mi mente solo hay unas pocas maneras fáciles de eliminar miles de dólares al año:

1. Deshacerse de varios empleados, bajando la moral
2. Utilizar materiales más baratos, lo que reduce la calidad del producto en

general
3. Utilizar un transporte más barato, reduciendo el servicio al cliente y la entrega
4. Utilizar sistemas de software más baratos, lo que a menudo lleva a problemas de desgaste y agrega nuevos problemas a la gerencia
5. Eliminar los beneficios laborales y las cosas que aumentan la moral de los empleados

En la mente del gerente, podría estar saliendo con una noticia extremadamente buena que le debería ser merecedor de un bono por cumplir con alguna ambigua directriz corporativa que se ve obligado a cumplir. Él dará una orden sobre la nueva forma en que van a ser las cosas, y todos sus empleados se verán forzados a lidiar con las consecuencias que esta nueva estrategia de reducción de costos traerá a sus vidas.

No estoy diciendo de ninguna manera que el recorte de costos sea malo. Beneficia a todos los involucrados el poder dirigir una empresa eficiente que sólo usa lo que necesita para hacer su trabajo. Sin embargo, mi fe en la gente no es optimista por defecto. Existe una gran posibilidad de que toda la decisión de este gerente haya sido tomada simplemente por la cantidad mensurable de dólares que se ahorraría a expensas de cualquier otro aspecto inconmensurable de cualquier trabajo que esté siendo afectado. Este fue un ejemplo obvio y fácil para empezar a exponer este punto, así que pasaremos a algo un poco más complejo.:

Supongamos que en su empresa tiene un equipo de personas que planifican los envíos desde sus centros de distribución a sus tiendas minoristas. Ellos reciben una solicitud de varias localidades a través de los estados, y los planificadores encuentran un centro de distribución cercano con el producto, llaman a una compañía de camiones, y ordenan que el producto sea recogido y entregado en el lugar que lo necesita.

Usted, como gerente, decide que la compañía siempre esté usando los transportistas más caros en lugar de los más baratos. Implementa una estrategia de reducción de costos, desafiando a su equipo a utilizar las compañías de transporte más baratas siempre que sea posible. Como resultado, su equipo pasa más tiempo en promedio llamando a las compañías de camiones para obtener ofertas más bajas.

Ahora se da cuenta de que sus planificadores se demoran demasiado en organizar los envíos y que sus clientes se han quejado de problemas de calidad. Usted observa algunas mediciones, y descubre que, en promedio, a los analistas de planificación les lleva unos 20 minutos planificar un envío determinado; por lo tanto, se establece un nuevo mandato, el cual indica que todos los envíos deben planificarse dentro de los 20 minutos de llegada de la solicitud correspondiente. Sus planificadores harán dos cosas.

Primero, no buscarán el costo más bajo ahora porque eso toma demasiado tiempo. En lugar de eso, sólo buscaran un costo "lo suficientemente bajo", aumentando de nuevo el costo del transporte. En segundo lugar, dejarán los envíos que reconocen como más difíciles para otra persona del equipo, lo que hará que algunos envíos sean finalmente ignorados.

Cuando se da cuenta de lo que está ocurriendo, asigna automáticamente todos los transportes de forma uniforme y cronológica, de modo que los planificadores abordan todos los transportes y se crea una carga de trabajo uniforme. Sus planificadores más lentos se verán perjudicados por la acumulación de envíos diarios, mientras que los planificadores más experimentados estarían sentados y aburridos en sus escritorios, lo que también causaría que los planificadores más lentos dejen de lado los envíos que podrían haber sido fácilmente atendidos por los más experimentados.

Entonces, ¿cuál es la solución? No hay una solución específica para problemas como este, sobre todo porque traen consecuencias complejas y a menudo imprevistas. Lo que puedo sugerir es que analicemos profundamente las repercusiones de cualquier decisión que tomemos. Cuando esté a punto de realizar un cambio de directriz, procedimiento o política, siéntese tranquilamente durante unos minutos e imagine la vida desde los zapatos de cada una de las personas que se verán afectadas por esto. Si no sabe cómo afectará a la mayoría de las personas, existe una gran posibilidad de que su nueva regla solucione el problema, pero cree otros más. Una solución alternativa para el problema podría haber sido algo así:

Después de implementar la regla para bajar costos, también debió existir otra regla o mandato, que incrementara el número de personas en el equipo. Porque cuando se bajan costos la calidad sufre, y si hubiera una persona más, sería posible recuperar algo de calidad también. Teniendo en cuenta que el trabajo adicional iba a retrasar a los trabajadores y que el salario de un empleado adicional era inferior a los ahorros esperado de costos logrados por el primer mandato, esta solución podría haber evitado otros problemas causados por las propias acciones del gerente.

Sin embargo, el mayor problema con el ejemplo es la pérdida de empleados motivados en la empresa. Las normas en constante cambio y en conflicto bajan la moral de la empresa debido al estrés constante del cambio. La eficacia de toda la empresa disminuye al centrarse por completo en la reducción de una métrica fácilmente medible a expensas de todas las demás.

¿QUÉ NECESITA SER TRANSPORTADO?

Ahora es el momento de ser más técnicos. Si simplemente estaba buscando consejos de vida por parte de un especialista de logística, puede dejar de leer ahora mismo. Si está buscando algo más, y no le molestan los detalles técnicos, entonces deberá seguir leyendo. Si está leyendo este libro para su trabajo, su industria o su carrera en general, entonces debería seguir leyendo, ya que cubro algunos de los matices más finos de la industria y enfatizo los puntos relevantes de sentido común que a menudo se olvidan. Como siempre, el sentido común es una habilidad útil para desarrollar, por lo que tendrá mucho que aprender, incluso si los detalles no se aplican exactamente a sus necesidades actuales.

Ahora que hemos establecido una mentalidad común, suposiciones, perspectivas y cosas en general de las que debemos estar atentos, continuemos el proceso de investigación avanzando hacia el siguiente paso lógico en nuestro viaje logístico hasta la pregunta crucial "¿Qué estamos transportando?".

La razón por la que esta pregunta es importante debe ser obvia, pero en caso de que no lo sea, consideremos algunas de las posibles preguntas derivadas que necesitan ser contestadas primero.

- ¿Cuánto espacio necesito?
- ¿Cuánto peso debo tener en cuenta?
- ¿Cuál es el mejor modo de transporte?
- ¿Qué precauciones debo tomar para el transporte seguro del producto?
- ¿Qué precauciones debo tomar para la seguridad de todos los involucrados en el traslado?
- ¿Qué directrices legales y financieras se aplican?
- ¿Qué retos voy a encontrar mientras trato de transportar esto?
- ¿Se trata de un traslado estratégico o de una transacción?
- ¿Qué requisitos de carga y descarga son aplicables?

Como pueden ver, la pregunta "qué estamos transportando" es particularmente engañosa porque resume todo lo que necesitamos saber en una simple pregunta. Por ejemplo, digamos que está transportando una caja de sandias.

- ¿Cuánto espacio necesito?
  - Las dimensiones de las cajas suelen ser de 1 x 1 x 1 metros.
- ¿Cuánto peso debo tener en cuenta?
  - A menudo alrededor de 450 kilos.
- ¿Cuál es el mejor modo de transporte?
  - Camión para distancias cortas, Transporte con Carga Agrupada o LTL (Less than a Truck Load) para distancias más largas
- ¿Qué precauciones debo tomar para el transporte seguro del producto?
  - Caja sobre paleta para un fácil manejo con montacargas
- ¿Qué precauciones debo tomar para la seguridad de todos los involucrados en el traslado?
  - Advertencias de peso y manejo claramente marcadas en la caja
- ¿Qué directrices legales y financieras se aplican?
  - Pautas de Administración de Alimentos y Medicamentos de los Estados Unidos
- ¿Qué retos voy a encontrar mientras trato de transportar esto?
  - Limitaciones de tiempo para la frescura del producto

- ¿Es un traslado estratégico o transaccional?
  - Transaccional para los vendedores de productos, posiblemente estratégico para un planificador de festivales y ferias
- ¿Qué requisitos de carga y descarga son aplicables?
  - Posiblemente un montacargas

TIPOS DE PRODUCTOS

Una subsección de la pregunta "¿Que estamos transportando?" que merece especial atención es la eventualidad de que lo que sea que usted está enviando contenga mercancías peligrosas. Como puede imaginar, este tipo de traslado requiere una atención especial. El gobierno presta especial atención a estos productos, y usted también debería hacerlo. No voy a entrar en todos los tecnicismos del tema, pero voy a destacar algunos que no deben ser ignorados. También incluiré algunos recursos al final del libro para que pueda seguir esas ideas si esta sección se aplica a usted.

Traslados arriesgados y peligrosos

El primer paso para identificar y prevenir este tipo de problemas seria conocer su producto. Aunque algunos artículos pueden ser peligrosos por sentido común, como la dinamita, gasolina y uranio, hay muchos productos de uso diario que no se reconocen fácilmente como materiales peligrosos, como el enjuague bucal y el esmalte de uñas (Líquidos Inflamables Clase 3), las baterías (Materiales Corrosivos Clase 8), todo lo presurizado (Explosivos) y los fertilizantes (Oxidantes y Peróxidos Orgánicos Clase 5). Investigar antes de enviar cualquier cosa nueva debe ser la práctica común para usted.

Una segunda variable en los traslados arriesgados o peligrosos serían las cantidades enviadas. Habrá muchos materiales no peligrosos que pueden enviarse solos, pero existe una cantidad crítica en que se consideraría peligrosos.

Si realiza envíos internacionales, también debe tener en cuenta lo que se considera bienes de doble uso. Se trata de bienes clasificados como bienes civiles, pero con posibles aplicaciones militares.

Junto a esto, me gustaría señalar que cuando se trata de países extranjeros, todas las restricciones de exportación e importación deben ser observadas.

Cada producto peligroso debe venir con una Hoja de Datos de Seguridad de Materiales Peligrosos del fabricante que le puede dar una visión general del producto, los riesgos, los códigos regulatorios apropiados (Número ONU, Códigos de Clasificación Arancelaria (HTS), Número de Clasificación de Control de Exportaciones (ECCN), entre otros), el etiquetado, empaque y los procedimientos de respuesta necesarios.

Empaque

Si tiene que enviar materiales peligrosos, y es consciente del tipo de peligros que presentan, el siguiente paso es empacar y etiquetar adecuadamente el material. Esta parte es particularmente importante por dos razones principales. Un embalaje adecuado reduce el riesgo de que algo salga mal durante el transporte. Eso por sí solo podría ahorrarle muchos dolores de cabeza o causar algún desastre. Por lo menos, el etiquetado y la documentación adecuada evitarán que se impongan multas, lo cual es un buen beneficio. Sin embargo, la razón principal por la que desea etiquetar correctamente su envío es asegurarse de que el equipo de respuesta rápida pueda ser efectivo en caso de que algo salga mal en el futuro. Los accidentes son malos en sí mismos, pero imagínese el lucrativo día de trabajo que los abogados van a tener con su empresa si su falta de atención agrava el problema para el gobierno, el equipo de respuesta rápida y, en última instancia, los ciudadanos. Un incidente mal manejado podría convertir a su exitosa compañía en un caso de bancarrota.

Gobiernos y permisos

Como habrá notado, el gobierno tiene un interés personal en lo que sea que esté haciendo, especialmente en una plataforma comercial. "No sabía" no es una buena defensa legal y no impedirá que el gobierno lo lleve a la bancarrota con multas por infringir la ley, conociéndola o no. Investigar cada aspecto de la ley que pertenece a su propio negocio debe ser una prioridad y no puede ser ignorado si usted espera permanecer en el negocio a largo plazo. Como mínimo, seguir todas las regulaciones y procedimientos del gobierno le ahorrará mucho dinero en multas, pero estas regulaciones están destinadas a salvar vidas.

Si usted planea enviar una variedad de artículos, le sugiero que obtenga algunas certificaciones en materiales peligrosos y asista a algunas clases adicionales para mejorar su comprensión de los productos que está enviando y por qué son peligrosos.

Mi recurso personal favorito para la referencia de materiales peligrosos es el **Hazmat 49 CFR Parts 100-185.**

Para obtener más información sobre estos o cualquier otro requisito de materiales peligrosos, visite www.phmsa.dot.gov.

No espero que se convierta en un experto en materiales peligrosos. Para entender verdaderamente todos los matices requeridos para el transporte de materiales peligrosos se requieren años y años de trabajo y experiencia. Sin embargo, lo animo a que aprenda y se eduque lo más que pueda con respecto a los productos que envía. Su empresa también debe tener en cuenta que existen empresas de terceros que se dedican exclusivamente al asesoramiento, la gestión y la formación de empresas en materia de transporte de materiales peligrosos. Estos expertos pueden asesorar a su empresa sobre el embalaje, el etiquetado y el transporte de todos sus materiales, y pueden ayudarle a hacer frente a las emergencias que puedan surgir.

También puede subcontratar la gestión, manipulación y transporte a una empresa externa. Si esto es un riesgo para su empresa, le recomiendo que explore TODAS las opciones y que averigüe qué es lo mejor para su caso.

Necesidades especiales

Los productos no necesitan ser peligrosos para tener necesidades y requisitos especiales. Una empresa que se dedica a la creación y venta de esculturas de hielo personalizadas para varios eventos no necesariamente necesita aprobar muchas regulaciones gubernamentales para transportar sus esculturas de hielo a través de la ciudad, pero podrían necesitar, como mínimo, un camión refrigerado para asegurar que las esculturas lleguen intactas a sus destinos durante un día caluroso de verano y, como máximo, algo de nitrógeno líquido (material peligroso) a bordo. Esto afectará el tipo de decisiones que necesita tomar.

Si su cliente principal está en Alaska, podría ser necesario un vehículo con control de temperatura para hacer el viaje en lugar de un camión normal.

Los alimentos y los productos también pueden necesitar ser transportados en vehículos con temperatura controlada, así como cumplir con otros requisitos de la Administración de Alimentos y Medicamentos (FDA). Si el producto necesita viajar en posición vertical, asegurar que las compañías puedan acomodarlo será crucial y esto debe ser pensado y planificado.

Otros tipos de necesidades especiales podrían tener que ver con los lugares de carga y descarga. Un lugar de carga podría estar planeando cargar los materiales con una grúa, por lo que un camión con caja haría imposible la carga. Es posible que el destino de descarga no tenga un montacarga para descargar el material, por lo que es necesario hacer arreglos especiales para acomodarla.

Si su material es peligroso, es posible que el envío no sea compatible para viajar con otros materiales peligrosos. Cargar explosivos y materiales inflamables en un camión no significa necesariamente que explotarán, y tal vez el 95% de las veces no lo harán, pero el desastre causado por ellos en caso de que lo hagan podría ser catastrófico. Existen normas para prevenir este tipo de desastres, incluyendo una lista de productos que bajo ninguna circunstancia deben viajar juntos.

Peso y dimensiones

Lo siguiente que hay que considerar al tratar de transportar cualquier producto, ya sean herramientas de la industria de petróleo y gas, productos, suministros de emergencia o materiales de construcción, es el peso y las dimensiones de lo que se está tratando de transportar. Una vez más, aunque esto pueda parecer de sentido común para casi todo el mundo, al igual que la pregunta previamente engañosa de "¿qué estamos transportando?", esto tiene implicaciones que vienen acompañadas de cualquier respuesta que se dé.

- ¿Son correctas las dimensiones?
- ¿Qué equipo es necesario para transportar esto?
- ¿Es este material apilable o no?
- ¿Necesitaré permiso para cargas de gran tamaño?
- ¿Puede ir en un vehículo más pequeño con un voladizo aceptable?
- ¿Afectarán las dimensiones mis opciones de transporte?

Los primeros y segundos puntos que he hecho en esa lista, son particularmente relevantes cuando se trata de transporte por una simple razón: el principio "al diablo". En la mayoría de las industrias, es muy común no saber el peso exacto de las cosas, por lo que a menudo alguien en la empresa mira el material y dice: "Al diablo, son aproximadamente ___ kilos. Puede caber en un camión de ___". Esto no es un gran problema cuando lo hacen empleados particularmente experimentados o cuando es algo fácil de calcular, pero puede causar grandes problemas cuando lo hacen empleados nuevos que tratan de reducir costos.

Tomemos por ejemplo una caja de 30 x 30 x 30 centímetros y 2,3 kilos. Esta caja especialmente pequeña podría ser transportada en la parte trasera de una motocicleta. Podría ponerla en el lado del pasajero de su automóvil. Podría dejarla en la parte trasera de un camión. Se puede transportar en avión (siempre y cuando no haya otras restricciones de viaje). Usted podría enviarla en un camión de una tonelada o incluso en un camión de dieciocho ruedas. Un objeto más pequeño que se transporta en camiones grandes no es un problema en lo más mínimo. Sin embargo, el escenario inverso es otra historia.

Todos los envíos tendrán un método de transporte mínimo aceptable. Por ejemplo, una sola paleta de 1 x 1 metros probablemente puede ser transportada en un camión de una tonelada. Las paletas, sin embargo, pueden variar mucho según el peso, dependiendo de lo que transporten. Si está por debajo de cierto peso, podrían ser transportadas en una camioneta.

Una herramienta de perforación de 227 kilos cumpliría perfectamente la capacidad de peso de una camioneta. Sin embargo, si es una herramienta de 6 a 9 metros de largo, podría ser ilegal transportarla en una camioneta debido a los peligros potenciales del tráfico.

Por eso es importante primero tratar de obtener las estimaciones lo más exactas posibles, y si no es posible, entonces se recomienda sobreestimar el peso en lugar de subestimarlo.

La siguiente pregunta podría ser: "¿Es apilable?". El material apilable puede tener costos de transporte más bajos cuando es enviado con Transporte con Carga Agrupada o LTL, pero no se recomienda para productos delicados o con formas poco convencionales. Una paleta cuadrada llena de ladrillos es apilable, pero una herramienta de medición de ingeniería con formas extrañas podría no serlo.

Si el producto es demasiado grande, podemos encontrarnos con otros dos problemas: el equipo necesario para moverlo y los permisos legales requeridos. Tal vez usted ha tenido la suerte de ver esto mientras conduce por la carretera: una casa montada en la parte trasera de un vehículo de dieciocho ruedas que circula por el centro de dos carriles. Normalmente va acompañada de un automóvil delante de ella con una bandera alta para asegurarse de que no golpea nada. A veces incluso tiene escolta policial y una gran pancarta para recordar que se trata de una carga de gran tamaño (en caso de que no lo haya notado ya por la masividad de todo el asunto). Para obtener permiso para mover esa casa, alguien debió preguntarle al gobierno.

A veces, este mismo tipo de trabajadores despreocupados, para tratar de ahorrar unos cuantos dólares, tratará de sobrepasar los límites de ciertos equipos. Por ejemplo, una camioneta pickup regular puede ser mucho más barata que un camión de 1 tonelada, que por supuesto es más barato que un camión de remolque (conocido como Minifloat en algunas industrias), que a su vez es más barato que un camión de dieciocho ruedas. A veces la gente de la tienda dice: "al diablo". Sólo átelo bien, póngalo en un camión normal con una bandera". Mientras que eso podría funcionar en algunos casos, es posible transportar cosas que queden colgando en una camioneta, pero si esto es excesivo, puede transformarse en un peligro y todo será más costoso de lo que hubiera sido conseguir un camión un poco más grande para el traslado.

Todos los problemas mencionados anteriormente son leves en comparación con las posibles repercusiones de no prestar la debida atención a las leyes y a los pesos. Tomemos, por ejemplo, un vehículo de dieciocho ruedas que transporta una carga pesada de forma ilegal. Podría empezar a conducir por la carretera sin más problemas que el de conducir un camión sobrecargado y con menos eficiencia de combustible. Sin embargo, cuanto más pesado sea el camión, más difícil será detenerse en una emergencia, lo que podría causar mayores problemas, incluyendo la pérdida de vidas. Si una carga es pesada en la parte superior, el camión podría volcar y dar una vuelta brusca; si hay demasiado voladizo, podría golpear a otros viajeros en la carretera.

¿CUÁL ES LA MEJOR MANERA DE TRANSPORTAR?

Hasta ahora, hemos cubierto las mentalidades que necesitamos para gestionar la logística de transporte, y hemos cubierto el "qué", el cual abarca las diferentes consideraciones que necesitamos para entender los productos que estamos tratando de transportar. Ahora, es el momento de abordar el siguiente paso, el importantísimo "cómo".

¿Qué tan lejos necesita llegar?

El origen y los destinos son cruciales cuando se trata de transporte, ya que por sí solos traen consigo algunas restricciones y posibilidades que hacen que la selección del transporte sea un poco más fácil. Por ejemplo, no puedo transportar nada desde San Francisco a Hawái en un camión, así que, al revisar a todas las compañías de transporte que pueden ayudarme a transportar mi producto, eliminaré inmediatamente a las que no tienen servicio de transporte por aire o embarcaciones. Esto significa dos cosas: con una buena planificación de antemano, esto podría resultar ser un rentable movimiento de materiales. Con una mala planificación, esto podría resultar muy caro. Si sólo estoy trasladando unas pocas cosas a través de las ciudades, lo más probable es que sean menos costos, ya que no tendré que preocuparme por el transporte marítimo o aéreo. Esto también reducirá significativamente mis opciones.

Entregas locales

Dependiendo del lugar donde usted viva, las entregas locales son probablemente las más fáciles de manejar. La mayoría de ellas serán realizadas el mismo día. Si estamos hablando de una pequeña empresa con necesidades de envío relativamente constantes, la mejor opción podría ser un camión de la misma empresa para hacer entregas regulares. Será más rentable a largo plazo, y sus costos se limitarán a la inversión en el camión, el mantenimiento y el combustible. Si la pequeña empresa no tiene suficientes necesidades de envío regulares, puede ser mejor hacer negocios con diferentes compañías locales de transporte para mover su producto a un costo por kilómetro o por entrega. Estas compañías de camiones por lo general tienen diferentes tipos de equipos para satisfacer sus necesidades y con frecuencia le dan un buen trato si usted trabaja regularmente con ellos. Por ejemplo, si usted tiene una tienda de comestibles donde la mayoría de sus productos son entregados directamente a su puerta por un mayorista de comestibles, entonces usted podría ahorrarse mucho dinero contratando un camión, ya que lo necesita solamente para cualquier movimiento grande que tenga que hacer, como muebles, estantes y equipo.

¿Debe este traslado recorrer diferentes estados?

Todo comienza a ponerse interesante cuando se trata de envíos a través de estados. Aquí es generalmente cuando el costo se convierte en una prioridad, ya que cada traslado se vuelve más costoso. Teniendo en cuenta el producto y sus dimensiones, nuestras opciones comienzan a abrirse desde el aire, mar (Alaska y Hawái) y tierra. En este punto es donde las decisiones de transporte, la fecha de entrega y la buena planificación empiezan a dar buenos resultados.

Si su producto es pequeño, no es peligroso y necesita viajar una larga distancia con relativa rapidez, las opciones más baratas suelen ser las grandes empresas, como el Servicio Postal de los Estados Unidos (USPS), Fedex o UPS.

Si el producto supera los 68 kilos de peso, entonces entran en juego las opciones de transporte de carga. Fedex Freight, UPS Freight, Saia Motor Freight, y Levinge, suelen tardar unos días en consolidar todos los envíos en un solo camión, llevarlos al centro de distribución más cercano, clasificarlos por centro de distribución más cercano a su destino, conducir el camión consolidado al siguiente centro de distribución y entregarlo en algunos de sus camiones locales hasta su destino final. Estos servicios varían desde entregas al día siguiente para distancias cortas hasta una o dos semanas en todo el país. Dependiendo de sus dimensiones y peso, diferentes transportistas LTL podrían manejar sus envíos. Siempre verifique las dimensiones con los transportistas antes de despacharlos para su carga ya que todos tienen diferentes restricciones de tamaño y peso.

El siguiente paso en esta categoría es un camión dedicado por dos razones principales. La primera es el nivel de control que desea tener sobre su envío. Cada negocio es diferente, y puede que no tenga sentido que su negocio consolide un producto con muchas otras cosas de diferentes compañías. La segunda razón es que incluso estas compañías son demasiado lentas y su producto necesita ser trasladado urgentemente. El traslado de carga a un estado vecino se puede hacer en caso de emergencia con un camión dedicado. El Departamento de Transporte actualmente tiene una restricción de 11 horas de conducción directa para los conductores de camiones comerciales, lo que significa que es posible hacer una entrega para el mismo día en cualquier lugar dentro de un radio de 10 horas (1 hora extra para la carga y descarga). A menos que usted viva en Texas o Alaska, por lo general este es tiempo suficiente para llegar a algunos estados en una emergencia. En este punto, contratar un camión con el espacio necesario para trasladar su material y pagar para que conduzca directamente podría ser su mejor opción.

¿Qué hay de los envíos a través de países?

Como si las cosas no fueran lo suficientemente difíciles, los envíos internacionales añaden un nuevo nivel de complejidad. Dependiendo del origen y del destino, estos envíos tendrán una variedad de requisitos y complejidades propias de cada país. El transporte ya no requerirá la participación de un solo gobierno, sino de varios.

Los países conectados por tierra pueden ser tratados como envíos terrestres regulares. Por ejemplo, un camión recogiendo en los Estados Unidos puede entregar el envío directamente a Canadá. Las principales diferencias son que el vehículo debe viajar a través de la aduana y proporcionar la documentación adecuada para los envíos transfronterizos, contando con todo lo relacionado con el envío debidamente documentado, etiquetado, haber registrado al valor en dólares, y especificaciones exactas. Los detalles relativos a las leyes de exportación e importación del país deben consultarse y verificarse regularmente para cada envío, ya que los cambios en el embargo y la legislación pueden cambiar rápidamente dependiendo del clima político del país. Una vez que la carga ha recibido la luz verde adecuada de ambos países, puede ser transportada legalmente.

Para la mayoría de las empresas, se aconseja que contraten a consultores o a un especialista en exportación de terceros para que se encarguen de los aspectos legales y logísticos de cada envío, con el fin de aprovechar sus contactos y experiencia para obtener soluciones de bajo costo.

¿Es su envío a través del mar?

Las únicas diferencias en los envíos a través de los continentes en comparación con los envíos entre países son las grandes consideraciones logísticas. Las compañías de terceros son expertas en manejar este tipo de asuntos. Sin embargo, unas palabras de consejo sobre este tema: las cosas pasan (sí, de nuevo, es importante reiterarlo). En la medida en que las empresas puedan "garantizar" una fecha de entrega requerida, cuantas más piezas en movimiento haya en cualquier envío, más cosas pueden salir mal. Si es posible, trate siempre de protegerse contra la incertidumbre con un colchón de tiempo adicional. Supongamos que los dos métodos con los que el envío puede moverse ahora son por mar o por aire. Con una planificación suficiente, una opción de transporte intermodal sería el método más rentable para transportar grandes cantidades de carga. Sin embargo, no se puede subestimar la importancia del aire. El aspecto más crucial en este escenario sería un análisis del punto de equilibrio sobre el costo de transportar el paquete por cualquiera de los métodos, comparado con el costo total del envío y la importancia de llevarlo a donde debe estar en una fecha específica.

¿Qué tan rápido necesita viajar su envío?

Ahora que hemos cubierto un par de los conceptos más cruciales, es el momento de volver a hablar sobre uno de los que mencioné anteriormente en este libro. Los matices que vienen con el cumplimiento de un plazo pueden ser una bestia monstruosa a domesticar. Aunque la simple lectura de este libro no garantiza que siempre haga sus entregas, espero que acorte severamente la curva de aprendizaje al proporcionar conceptos reforzados para recordar mientras hace su trabajo. Ahora, volvamos a repasar los tres mayores obstáculos que los especialistas en logística deben tener en cuenta para cada envío que programan:

La regla que he creado para calcular el tiempo

es la siguiente:

Tiempo de transito estimado = tiempo físico + demoras promedio (legales y físicas),

SI es legal y financieramente factible

El siguiente ejemplo muestra las restricciones físicas, financieras y legales que debemos tener en cuenta para hacer cálculos precisos y promesas a nuestros clientes y poder cumplirlas.

Usted tiene una carga total (de aproximadamente 22 toneladas) de equipos electrónicos que trasladar de Palo Alto, California, a un almacén en Houston, Texas. El despachador, Jason, consigue un camión local para hacer el trabajo.

Tiempo estimado de viaje según Google Maps = 28 horas

- 1 hora para que llegue el camión
- 30 minutos para que Johnny cargue el camión
- 7 ½ horas de conducción
- 1 hora para comer y cargar combustible
- 11 horas de descanso obligatorio por el Departamento de Transporte
- 8 horas más de conducción
- 1 hora de parada en la aduana (si conduce por El Paso)
- 1 hora para comer y cargar combustible
- 11 horas de descanso obligatorio por el

Departamento de Transporte
- 8 horas más de conducción
- 1 hora para comer y cargar combustible
- 1 hora de retraso por el tráfico
- 11 horas de descanso obligatorio por el Departamento de Transporte
- 4 ½ horas más de conducción
- 30 minutos de retraso por el tráfico
- 30 minutos para descargar en destino

Tiempo total de transporte calculado: 68 horas y 30 minutos, casi 2,5 veces más de lo esperado originalmente. Esto es considerando una conducción estándar. Cualquier retraso, congestión de tráfico, accidentes y errores sólo harían más extenso el proceso. Digamos que Jason el despachador está ausente unos días debido a una emergencia familiar y una persona nueva toma su lugar. Si no tiene muchos conocimientos, puede enviar algo de acuerdo con Google, y los materiales llegarán un día entero más tarde de lo que prometió.

Físicamente posible

¿Es físicamente posible? Afrontémoslo, Amazon Prime nos tiene malcriados. Google nos ha acostumbrado a buscar una ruta "óptima" para hacer nuestros planes, y con internet, todo parece ir cada vez más rápido. En el manejo de materiales, sin embargo, es importante entender todos los procesos que deben tener lugar para hacer planes precisos que afectarán el resultado final del negocio. No puedo enfatizar lo suficiente la importancia del conocimiento.

Pasemos ahora a la pregunta original: ¿Es físicamente posible? La respuesta en este caso es: en 28 Horas. ES posible hacer el viaje en 28 horas, pero eso no significa que el envío llegará en 28 horas. En un futuro teórico, un vehículo auto conducido, sin la restricción de 11 horas de descanso del Departamento de Transporte, ni la necesidad de alimentos, y si el vehículo cuenta con un tanque de combustible súper eficiente, podría trasladar físicamente el producto en 28 horas, asumiendo la infraestructura actual e ignorando los tiempos de carga y descarga. Puede ser que aquí sea donde la industria del trasporte se dirige actualmente, pero todavía no ha llegado a ese punto.

Sin embargo, si usted tiene un envío a través de la ciudad de Houston, Texas, en un camión de su propiedad que ya está cargado con el material, puede confiar en Google Maps para proporcionar un tiempo de viaje relativamente preciso a su destino.

Cada caso va a ser diferente, y quizás con un poco de experiencia, podamos prever mejor la mayoría de los escenarios, pero el primer paso en el cálculo de los plazos de entrega es lo que es físicamente posible. Ningún envío debe ser prometido ignorando lo que es físicamente posible. Las personas que supervisan las ventas y/o que asumen compromisos en nombre de la empresa deben ser conscientes de todos estos matices.

Lo legalmente posible

El papel del gobierno en los negocios puede reducirse a una palabra: regulación. Es responsabilidad del gobierno crear leyes para salvaguardar a la población de posibles daños causados por prácticas comerciales descuidadas, peligrosas y dañinas. Esto a menudo se produce a costa de muchas eficiencias que las empresas han adaptado a lo largo del tiempo para resolver problemas cotidianos y recuperar una ventaja competitiva.

He mencionado varias veces el reglamento del Departamento de Transporte que exige que todos los vehículos de transporte comercial se detengan después de diez horas y descansen durante once. Esta regulación fue puesta en práctica para minimizar el número de accidentes en camiones de dieciocho ruedas provocados por conductores sobrecargados de trabajo que se quedaban dormidos al volante. Ahora, esta regla ha existido por un tiempo, pero en 2018, se estableció un sistema de monitoreo para evitar que los conductores eludieran las reglas y que rindieran cuentas. Aunque sería mejor para una empresa que un camión pudiera conducir 24 horas sin parar, y quizás incluso para el conductor, si la empresa estuviese dispuesta a pagar por ello. El mayor riesgo para la población exige una acción legal y la participación del gobierno.

Para los movimientos a través del país, existe un nivel extra de seguridad. El Servicio de Aduana y Protección Fronteriza de Estados Unidos protege a la nación de la entrada de carga ilegal al país, y la mayoría de los demás países tienen agencias equivalentes. Éstas surgieron del aumento de las importaciones ilegales hacia esos países. Este nivel de protección gubernamental puede retrasar los negocios y reducir las ganancias de las empresas a cambio de la seguridad de la población.

Un ejemplo común y poco conocido es la importación de productos alimenticios del extranjero. Se sabe que los restaurantes pierden millones por sus productos alimenticios importados debido a que son retenidos en la frontera durante largos periodos de tiempo hasta que el envío llega a la fecha de caducidad. El Departamento de Agricultura de los Estados Unidos (USDA) tiene regulaciones y pautas que dictan las clasificaciones apropiadas, el embalaje y el despacho de las mercancías para su transporte a los Estados Unidos. Esto también puede parecer un golpe para las empresas estadounidenses que intentan importar alimentos de otros países, pero en última instancia este reglamento pretende proteger a los Estados Unidos de diferentes enfermedades comunes en otras partes del mundo. Mientras que los restaurantes están perdiendo el delicioso y exótico salami importado, estas regulaciones intentan proteger a los Estados Unidos de enfermedades que podrían infectar al ganado o a los cerdos por causa del producto importado. Las leyes deben ser obedecidas para el bienestar de la población; sin embargo, estar al tanto de todas las leyes que se relacionan con los productos que usted está transportando le ayudará mucho a asegurar que usted tome decisiones precisas y rentables. La falta de conocimiento en estas circunstancias podría llevar a la pérdida de negocios, multas y, en circunstancias extremas, a la cárcel. Cosas tan simples como los aerosoles, las baterías de litio y los alimentos podrían provocar problemas en su cadena de suministro que pueden detener sus negocios.

Usando el ejemplo anterior, un camión cargado de equipos electrónicos que contiene baterías de litio requeriría un conductor de materiales peligrosos, así como el embalaje, identificación y rotulación adecuados del vehículo para que sea legal para el transporte.

Financieramente posible

El dinero hace circular las cargas. Los conductores de camiones en el mundo están conduciendo camiones por una principal razón: tienen cuentas por pagar. Lo más probable es que si usted está obteniendo un título universitario, o comenzando un negocio, es porque está esperando traer más dinero a su vida. La razón por la que es posible pedirle a una persona que deje su hogar y su familia para conducir una semana a través del país es porque se le está pagando lo suficiente por ello. Cuánto más pide, más paga. Ahora vamos a empezar con la mezcla de productos financieros. Digamos que cada unidad cuesta 10 dólares. Una paleta de 500 unidades hace que los productos a transportar cuesten 5,000 dólares. Si usted vende cada artículo a 11 dólares (asumiendo que no se venden por más de eso), ganará 5,500 dólares en ingresos por paleta, obteniendo 500 dólares en ganancias por cada paleta o 12,000 por cada camión cargado de estos equipos electrónicos (24 paletas de tamaño estándar) que usted venda. Por si acaso, supongamos que se trata de un pedido urgente y que el cliente no puede esperar más de las 68 horas previamente calculadas. O se lo hace llegar lo antes posible, o pierde todos los negocios futuros con este cliente. ¿Qué haría?

Usted no puede enviar esto usando servicio aéreo, ya que contiene baterías de litio, y probablemente costaría demasiado rentar un avión para un traslado como este (más de 50,000 dólares al precio más bajo). Usted no puede apoyar las prácticas de conducción ilegal, o podría perder mucho más que el negocio. Lo que puede hacer es contratar a un equipo de conductores. Dos conductores para conducir el vehículo de dieciocho ruedas, el cual debe tener una cabina dormitorio según lo establecido por el Departamento de Transporte para permitir que el camión sea conducido continuamente, menos las paradas para comer y cargar combustible, sin el descanso obligatorio de 11 horas (otras reglas aplican). Dado que los conductores pueden turnarse para dormir y descansar mientras el otro conduce, esta es una opción viable. Mientras que muchas otras cosas pueden retrasarlo más allá de las 28 horas de manejo físicamente posibles, esto debería reducir significativamente las 68 horas previamente estimadas.

El costo estándar para un traslado como este sería de aproximadamente 4,500 dólares con conductores individuales. Asumiendo que el margen de beneficio para los equipos de conductores es de alrededor de 30 a 40% (el segundo conductor también debe recibir su pago), esto podría acercarnos a los 6,000 dólares ¡LO QUE ES LA MITAD DE LOS BENEFICIOS ESTIMADOS ORIGINALMENTE!

No estoy diciendo que este sea el caso para todo lo que se envía, y una compañía inteligente podría añadir el costo esperado de transporte por unidad al análisis original de costo por unidad para obtener el costo por unidad más preciso para sus cálculos. Lo que quiero decir aquí es que hay que tener en cuenta costos como estos, ya que son obviamente cruciales para el balance final. En este escenario, yo aconsejaría agregar el costo promedio esperado de transporte al análisis original de costo por unidad y entender la importancia de cómo la planificación a largo plazo tiene un efecto directo en el resultado final para maximizar la reducción de costos y mejorar la rentabilidad general de la compañía.

¿Qué necesita para trasportar su carga?

Con una mejor comprensión de los requisitos de peso y de los camiones, profundicemos un poco más en los requisitos físicos de trasladar ciertos artículos. Por ejemplo, por muy fuertes que yo crea que puedan ser, los limites humanos se extienden solo hasta cierto punto. En el momento en que escribí este libro, uno de mis actores favoritos de Juegos de Tronos, Hafþór Björnsson, tenía un récord mundial de 472 kilos de peso muerto. Casi al mismo tiempo, coordiné el traslado nocturno de una paleta de herramientas para campos petrolíferos que pesaban alrededor de la misma cantidad desde Houston, Texas, hasta Midland, Texas, aproximadamente 805 kilómetros de distancia. Junto con todo un equipo de profesionales, equipos y organismos reguladores, fuimos capaces de lograr fácil y eficientemente algo que es considerado imposible por los estándares de la habilidad física humana pura. No se trata de restar importancia a los logros de Hafþór Björnsson, sino de mostrar los sorprendentes resultados de las capacidades y eficiencias humanas logradas mediante la colaboración y la coordinación.

Habiendo dicho todo esto, es importante dar cuenta de los recursos adecuados para continuar realizando estas hazañas.

Después de que sea física, financiera y legalmente posible hacerlo, examinemos el "cómo" para llevarlo de un ejercicio teórico a uno físico. Hay dos consideraciones principales: peso y tamaño. El peso y el tamaño nos permiten reducir los tipos de vehículos necesarios para el transporte de nuestra carga a uno o dos específicos.

Recuerde que la suposición principal aquí es que queremos minimizar el costo del envío pagando solo por el espacio mínimo absoluto que necesitamos en cualquier situación dada. Esta estrategia puede cambiar debido a un conjunto diferente de parámetros y excepciones. El remolque estándar de dieciocho ruedas tiene una cama de 15 metros de largo, 2,5 metros de ancho por 2,8 metros de alto, y puede transportar aproximadamente 22,5 toneladas. Al igual que con los automóviles, hay de todos los tipos, modelos y variaciones, así que esto es solo un ejemplo. Hacer su investigación y tener una conversación abierta con su transportista le dará una perspectiva precisa de los costos y opciones disponibles para su tipo de envío.

Incluso si usted tiene la capacidad de levantamiento de Hafþór Björnsson, lo más probable es que necesite ayuda para cargar y descargar la mayoría de los envíos comerciales. Algunos transportistas ofrecen servicios de carga y descarga para usted, pero no todos, así que asegúrese de mencionar este punto cuando tenga una conversación con ellos. Lo más común es que la responsabilidad del transportista sea presentarse, esperar a ser cargado, conducir hasta el destino, esperar a ser descargado y obtener los papeles firmados. Cualquier cosa después de eso se considera un servicio extra.

Esto significa dos cosas: es labor del punto de origen tener todo lo necesario para cargar el camión y del lugar del destino para descargarlo, así que es importante considerar lo que tiene disponible. Para objetos como paletas, un montacargas pequeño puede hacer el trabajo; para artículos más grandes como tuberías o motores de perforación, puede ser mejor tener un camión de plataforma plana que los transporte y una grúa que los coloque en el camión con cuidado. Esto significa a veces alquilar un montacargas o una grúa para trabajos específicos, una práctica que viene con sus propios problemas logísticos.

Cuando se solicite el transporte, también se deben indicar y considerar todos los accesorios necesarios para asegurar la carga, tales como lonas, correas, estibas, etc. Todos hemos visto videos terroríficos de piezas volando desde camiones de carga hacia parabrisas de autos detrás de ellos, tuberías que vienen sin correa aplastando vehículos cercanos, y accidentes masivos causados por conductores de carga que no se dan cuenta de que lanzan escombros en la carretera.

Tales ocurrencias tardías son causa de millones de dólares y horas productivas perdidas en la industria del transporte. Por ejemplo, tiene un envío urgente que debe entregarse a 8 horas de distancia. Usted ordena un camión, y llega dentro de una hora (1 hora). Después de cargar el camión (30 minutos), usted descubre que no tiene el material de estiba apropiado para asegurar la carga. Mientras se descarga (30 minutos), el conductor se va a la parada de camiones cercana para comprar algunos artículos adicionales (30 minutos). Después la carga es recargada y asegurada adecuadamente para que pueda viajar (30 minutos más). Tres horas más tarde, el conductor solo tiene siete horas para completar un viaje de ocho horas. Por lo tanto, el envío llegará 19 horas más tarde debido a las regulaciones del Departamento de Transporte, en lugar de las ocho calculadas anteriormente.

Así de fácil, mucho tiempo improductivo, promesas incumplidas y millones de dólares en pérdidas y multas por incumplimiento se acumulan innecesariamente en los libros de contabilidad de las empresas cada año.

Otro lío habitual en el transporte, en particular en el caso de los envíos transfronterizos, es el problema del papeleo. Una sola hoja de papel con información incorrecta podría retrasar su envío durante semanas y costarle cientos o miles, dependiendo de la situación.

¡¡¡EL PAPELEO CORRECTO ES CRUCIAL!!

Una inspección exhaustiva de toda la documentación necesaria debería ser obligatoria para todos los traslados transfronterizos. Una de las soluciones que propongo personalmente para este tema es un paquete de datos, que abordaré con más detalle en este libro.

SELECCIÓN DEL TRANSPORTISTA

Ahora que hemos reunido una imagen completa de lo que necesitamos, incluyendo el origen y el destino, la fecha de entrega requerida y el equipo, y hemos evitado algunas trampas comunes que podrían causarnos problemas y costarnos dinero en el futuro, finalmente llegamos al punto en el que miramos fuera de nuestra compañía hacia los socios y proveedores de servicios que nos ayudarán a ejecutar nuestros planes.

Si es la primera vez que intenta hacer logística de transporte, le sugiero un evento de abastecimiento, elaborar todas las especificaciones necesarias, proporcionar un plazo de entrega y pedir a varios transportistas que coticen su trabajo. Este proceso variará dependiendo de si usted está buscando completar un proyecto o planea trabajar con ellos repetidamente en el curso de su negocio. Cada una de estas variables traería diferentes estrategias generales de abastecimiento a tener en cuenta.

Todos los transportistas tienen sitios web y proporcionan literatura a los clientes interesados, por lo que pasar algún tiempo investigando, llamando y elaborando una lista de sus "principales transportistas" podría resultar rentable en el futuro.

Saber a quién llamar para cada una de sus necesidades comerciales agiliza sus procesos internos.

Una vez que tenga una lista de algunos transportistas viables que se ajusten a sus necesidades de transporte, entonces es el momento de determinar si sus necesidades son estratégicas o transaccionales. Estas dos clasificaciones aportan dos métodos diferentes para abordar el proceso de selección de operador.

Si se trata de una consulta transaccional de bajo riesgo para un trabajo corto, un enfoque centrado en los costos tiene sentido. Seleccionar el transportista de menor costo sería su mejor opción. Si no son buenos transportistas, puede descartarlos de su grupo de transportistas potenciales y optar por transportistas un poco más caros con un servicio significativamente mejor hasta que encuentre su equilibrio óptimo de servicio/costo.

Si sus necesidades son de mayor riesgo, entonces se aconseja una investigación más profunda, particularmente cuando se trata de sus procesos, reputación y requisitos de seguro en caso de que las cosas salgan mal. Cuanto más tenga en juego, más cuidadosamente deberá abordar cada decisión para salvaguardar su producto, reputación y negocio. Al final del día, si el transportista no entrega su producto, al cliente no le va a importar cuánto dinero usted ahorró al usar el transportista más barato, pero lo va a juzgar duramente por su incapacidad de cumplir con sus expectativas.

Si, por otro lado, está buscando un socio a largo plazo, le sugiero que tenga en cuenta sus capacidades de servicio al cliente. No hay nada más frustrante en la logística que tratar de resolver un problema urgente y pasar todo el día siendo transferido al directorio de una compañía hablando con gente que no puede ayudarle. Hay muchos beneficios al tener un socio de transporte, ya que puede crear muchas ventajas competitivas y eficiencias comerciales sobre las compañías que no tienen esa relación. Crear situaciones en que todos ganen es crucial para construir relaciones exitosas.

Independientemente de la situación que funcione para su negocio, recomiendo dos prácticas comerciales al tratar específicamente con los transportistas. Estas prácticas son necesarias para la mejora continua de su empresa y su crecimiento general:

1-Recopilación de datos de envíos y creación de tarjetas de puntuación de transportistas. Realmente no se necesita ningún sistema de gestión de recursos sofisticado para poner en práctica estas dos sugerencias, pero sí se necesita una mente disciplinada para ponerlas en práctica con éxito.

2-La recopilación de datos es crucial para impulsar la mejora continua, ya que permite tomar decisiones concretas basadas en datos. En el transporte, las medidas básicas de las que usted podría querer hacer un seguimiento para CADA ENVÍO, serian el nombre del transportista, la hora de llegada, la hora de salida, la hora de llegada a destino, el costo presupuestado y el costo facturado. Utilizando estos datos y algunas habilidades analíticas básicas, a menudo se pueden deducir los costos, la fiabilidad y los tiempos promedio que pueden conducir a una mejor planificación.

Una vez que se hayan recopilado suficientes datos, el siguiente paso sería utilizarlos para crear tarjetas de puntuación de transportistas que se pueden utilizar para tomar decisiones más rápidas para una variedad de proyectos diferentes. Existen varios métodos para crear una tarjeta de puntuación de transportistas. Una tarjeta de puntación básica asigna puntajes (de 1 a 5 o de 1 a 10) en varias categorías tales como costo, confiabilidad, disponibilidad, entrega a tiempo, satisfacción del cliente, facilidad de programación, tamaño de la flota y experiencia en la industria.

La mejor elección

Una vez que se ha seleccionado el mejor transportista para el trabajo, es crucial volver a revisar los aspectos básicos para comprobar que no ha pasado nada por alto. La mejor manera de hacerlo es reiterarlo en forma de expectativas claras para el transportista. Recuerde, si un transportista está de acuerdo en hacer un trabajo, es mejor que usted le dé suficiente información para poder realizarlo de manera eficiente y precisa. El acrónimo en inglés "ASAP" (que en español significa *tan pronto como sea posible*) puede significar cosas muy diferentes para usted y para el transportista. Para evitar cualquier problema que pueda causar esta diferencia, sugiero que se elabore un paquete de datos para el transportista, a fin de garantizar que todos los detalles cruciales se hayan abordado en forma de un correo electrónico de seguimiento en el que se indique claramente lo que se espera de él, así como los puntos de contacto a los que pueden llamar en caso de que tenga alguna pregunta.

En este punto, también me gustaría señalar que la selección de los transportistas en los que usted confía será de gran ayuda, especialmente cuando las cosas salgan mal. La experiencia que un transportista puede traer a la mesa, si podemos confiar en él para que haga bien su trabajo, puede sacarlo de muchas situaciones difíciles. Por supuesto, ni un solo transportista se preocupará por su negocio más de lo que usted lo hará, pero algunos transportistas son sin duda más atentos y enfocados al cliente que otros.

Seguimiento y localización

Medir el progreso es crucial para los procesos

comerciales, y hay numerosas razones por las que necesitamos saber dónde está nuestro envío en cualquier momento. Dependiendo de su modelo de negocio y de los requisitos del cliente, puede ser necesario poner en marcha algunos procesos para monitorear su envío de principio a fin. Aunque esto tiene muchos beneficios, también puede traer algunos desafíos. Con las grandes empresas, hay procedimientos de seguimiento para los clientes que pueden ahorrar mucho tiempo. Los números de seguimiento en línea pueden ser de gran ayuda para un control eficaz de la carga. Con compañías más pequeñas que podrían no tener estos servicios, la construcción de una buena relación con los transportistas puede ser crucial en el método de seguimiento y puede lograrse a través de la comunicación constante.

Puntos de información

Cada envío tendrá una probabilidad inherente de que algo salga mal. Cuando así sea, es crucial asegurarse de que el paquete y la documentación lleguen a todas las partes involucradas, para que se puedan tomar decisiones efectivas lo antes posible. Dependiendo del tamaño de la empresa y del alcance de cada trabajador, puede ser una o varias personas.

La primera persona en llamar tendría que ser el principal responsable de la toma de decisiones para el envío. Es la persona responsable de asegurar que el transporte vaya del punto A al punto B en nombre de la empresa. Esta es la persona que necesita saber si hay algún retraso del plan una vez que el envío está en camino y también es la persona capaz de tomar decisiones en nombre de la compañía. Tanto el propietario del envío como la empresa de transporte tendrían su propia persona.

La segunda persona a notificar es la contraparte de la persona que toma las decisiones después de las horas de trabajo. A menudo olvidamos que, cuando nos vamos a dormir, hay un conductor consumiendo cafeína que lleva nuestros productos remolcados a su destino, y cuando las cosas van mal, necesita saber quién va a levantar el teléfono cuando llame.

El tercer punto de contacto debería ser con el personal de atención de ambas empresas. Estas son las personas que necesitan ser informadas cuando suceden cosas serias, los gerentes de todas las partes involucradas que puedan necesitar estar involucrados en caso de accidentes, pérdida de propiedad, pérdida de vidas, incidentes gubernamentales o violaciones.

DECISIONES BASADAS EN DATOS

A medida que su empresa crezca, todo crecerá con ella: el número de transacciones realizadas en un día, el valor de sus productos, la distancia que su negocio cubre, el tamaño de los pedidos y el tamaño del equipo necesario para manejar todo esto. A medida que los equipos crecen, la visibilidad de los responsables de la toma de decisiones disminuye. Aquí es donde entra en juego la gestión de datos, para proporcionar visibilidad a los responsables de la toma de decisiones claves, que pueden ya no estar directamente implicados en las transacciones cotidianas. Este es un sistema clave en la construcción de un crecimiento sostenible que se centra en los procesos en lugar de en las personas.

Si la empresa ha sido creada para sostener el crecimiento, uno de los resultados debe ser una base de datos utilizada para tomar decisiones de alto nivel. La mayoría de las veces, estos datos pueden ser extraídos por uno de los diferentes sistemas de gestión empresarial, dependiendo de su alcance dentro de su organización. Una vez que estos datos han sido extraídos y limpiados, es posible crear análisis y percepciones significativas a partir de los datos agregados.

¿Por qué es importante? Cada vez más, las compañías se centran en las decisiones basadas en datos para impulsar sus negocios. De la misma manera que su automóvil se comunica con usted para hacerle saber dónde están los niveles de combustible, la velocidad a la que está conduciendo y la temperatura, estas métricas pueden comunicar a los altos gerentes una variedad de información mediante la cual pueden reducir costos, expandirse, centrarse en mercados específicos o embarcarse en nuevas empresas.

Además de las decisiones basadas en datos, las buenas prácticas de gestión de datos pueden aportar una gama más amplia de beneficios a la empresa, tanto interna como externamente.

Construyendo confianza

Un beneficio clave de una buena gestión de datos es la creación de confianza. A medida que los datos precisos continúan acumulándose con un negocio en crecimiento, cada empleado puede confiar en que el negocio funciona como debe y que todos los demás están haciendo su parte. La gerencia puede confiar en que sus subordinados están manejando roles críticos en el ámbito más amplio. Los empleados pueden ver dónde su trabajo diario afecta el plano general. Las compañías pueden determinar si otras empresas con las que están haciendo negocios están cumpliendo con sus contratos y promesas. Con el tiempo, todo esto crea confianza entre las partes a medida que continúan realizando negocios siendo los datos una medida de la rendición de cuentas.

Comprensión de los problemas que pueden surgir

El siguiente beneficio inherente de los buenos datos es la visibilidad de los problemas y oportunidades a los que se enfrenta cada negocio. Los datos por sí solos no pueden arreglar su negocio, pero los datos precisos son el primer paso para que las empresas puedan tener una visión procesable que es necesaria para evitar problemas, encontrar oportunidades y continuar adaptándose a las cambiantes condiciones del mercado. No importa cuánta información tenga, no será de ninguna utilidad, a menos que pueda obtener información significativa para elaborar planes de acción, asignar tareas y completar proyectos para mejorar sus indicadores claves de rendimiento (KPI) y métricas en general.

Niveles de confianza

Todos los datos significativos son extraídos de procesos no abstractos en la vida real, presentando una gran cantidad de variables conocidas y desconocidas que podrían afectar los números vistos. Es crucial entender las diferencias para descubrir las ventajas y los controles que tenemos a nuestra disposición. Por ejemplo, un retraso en los envíos puede deberse a un mal servicio de transporte, a unas expectativas poco realistas en cuanto al plazo de entrega, a retrasos meteorológicos o a cambios en la importación/exportación de un país. Algunos de ellos son más fáciles de influenciar que otros. El punto principal por aprender de esto es que todas estas percepciones significativas deben venir con un grado de confianza, ya que cada tema puede ser complejo más allá de lo inicialmente visible o factible.

Indicadores claves de rendimiento (KPI)

Lo que cada empresa decide medir tiene que ver principalmente con quienes son como empresa, qué intentan lograr y los recursos de los que disponen. Tradicionalmente, cada compañía tiene conjuntos de métricas que son rastreadas para propósitos generales por su equipo de liderazgo. En teoría, estas métricas deben estar alineadas con sus necesidades y objetivos comerciales. Sin embargo, a menudo son de naturaleza más genérica y no están perfectamente alineados comercialmente. En estas situaciones, cada empresa es responsable de crear nuevas métricas alineadas con su empresa y de adaptar sus objetivos, procesos y recursos a esas mediciones. Además, las métricas cruciales pueden convertirse en métricas claves de desempeño, comúnmente conocidas como Indicadores Clave de Desempeño (KPI), que se utilizan para medir el desempeño general de la compañía.

Escríbalo

Si puede medirlo, puede controlarlo, o eso dice la teoría popular. Cuando se trata de registrar datos, recomiendo encarecidamente un proceso automatizado. La entrada de datos puede ser una tarea tediosa y repetitiva que implica un alto nivel de enfoque y precisión por parte de los individuos. La precisión es mejor dejarla en manos de la automatización; cuanta más gente participe en la entrada de datos, menos precisos tienden a ser los mismos, lo que dificulta la obtención de análisis fiables a partir de los datos. Si la automatización no es posible, no es un reto insuperable. Sólo tiene que ser una tarea que se aborde con delicadeza para garantizar los mejores resultados. Algunas de las cosas más útiles para registrar serían las siguientes, a partir de las cuales podemos iniciar un proceso cohesivo de análisis de datos que nos proporcione algunas ideas útiles:

1. Solicitar hora de entrada
2. Tiempo de ejecución
3. Hora de recogida
4. Plazo de entrega
5. Fechas prometidas
6. Fechas reales
7. Costos primarios
8. Costos secundarios o accesorios
9. Origen y destino
10. Distancia recorrida
11. Personas involucradas
12. Productos transportados
13. Equipos utilizados
14. Pesos y dimensiones

Analice

La pieza final del rompecabezas de la gestión del transporte, seria mirar todas las transacciones realizadas y todos los datos que ha producido para optimizar por completo el sistema. Mirando los datos podemos extrapolar las ineficiencias de nuestros procesos que podrían suponer un despilfarro de dinero. Los análisis de alto nivel también pueden destacar las oportunidades de mejoras que al final podrían transformarse en ganancias.

Hacer las preguntas correctas

Con cada proyecto de análisis de datos, siempre habrá un punto de partida lógico. El primer paso en el análisis de datos exitoso es simplemente saber qué esperamos obtener de la información. Tener una meta o preguntas claramente definidas puede ahorrar mucho tiempo y esfuerzo al clasificar toda la información disponible para usted. Quizás una buena primera pregunta sería "¿en qué gastamos más dinero? ¿y por qué?" Este tipo de preguntas dan sentido a los datos. Transforman todos esos simples puntos de datos en información práctica que pueden impulsar nuestras decisiones empresariales.

Otras preguntas útiles para el análisis de datos serían:

1. ¿Dónde está la mayor consolidación de la actividad?
2. ¿Hay algún patrón entre dos parámetros?
3. ¿De dónde proviene la mayoría de nuestras ganancias?
4. ¿Quién es responsable de los valores atípicos más comunes?
5. ¿Existen áreas visibles de mejora?
6. ¿En quién gastamos más dinero?
7. ¿Con quién estamos haciendo la mayoría de las transacciones?
8. ¿Quién cobra más por transacción?
9. ¿Existe alguna razón conocida para que el estado actual de los negocios se refleje

en los datos?

10. ¿Dónde vemos la mayor oportunidad de ahorrar dinero?

Seccionar los datos

Una vez que tengamos algunas respuestas extrapoladas de los datos, el siguiente paso sería "seccionar y dividir" los datos. Este es el proceso en el que recopilamos, estandarizamos, clasificamos y analizamos todos los datos disponibles y los convertimos en información procesable. Esto puede venir en muchas formas y utilizar una variedad de programas de software diferentes. El estándar actual de la industria y la forma más ampliamente disponible de software de análisis de datos es el uso de Microsoft Excel. Es extremadamente versátil, fácilmente disponible y comúnmente conocido. Sin embargo, para necesidades de análisis de datos más sólidas, existen otros programas de software más eficientes como Tableau, Qlikview, o Power BI que proporcionan más información.

A la hora de diseccionar los datos, existen algunas pautas que hacen que todo el proyecto sea más rentable para todos:

1. Examinar la información desde el mayor número de puntos de vista posibles (contabilidad, operaciones, gestión y línea de productos).

2. Examinar la información a través de

varios parámetros (tiempo, categoría, productos, familias de productos, costo y volumen).

3. Observar la información representada en la mayor cantidad de puntos de vista (gráficos de barra, gráficos circulares, tablas dinámicas, gráficos de dispersión, gráficos de área y gráficos de Pareto).

4. Traer a expertos en la materia (Pequeñas y Medianas Empresas - PYMES) para que interpreten la información (a veces el mejor punto de vista proviene de múltiples personas que miran los datos).

5. Siempre preguntar ¿POR QUÉ?

PRÁCTICAS ÓPTIMAS

Como conclusión de este libro, decidí repasar algunas prácticas e ideas óptimas que hacen que la logística sea un poco menos estresante para todas las personas involucradas. Estas son algunas sugerencias sencillas que pueden ayudar mucho a minimizar los problemas y maximizar la eficiencia.

Uso de paquetes de datos

El uso de "paquetes de datos" o conjuntos completos de información al comunicarse sobre un producto o envío ayuda a asegurar que todos los involucrados estén sintonizados. No puedo decirle cuántas veces he visto correos electrónicos con un numero de referencia que se conecta a un sistema al que no todo el mundo puede acceder, por ejemplo, en los correos electrónicos de uno de los miles de empleados enojados de mi empresa que se quejan de que el camión que solicitaron nunca llegó, sin una sola referencia a cuál de los cientos de envíos que hemos manejado recientemente se están refiriendo, y solicitudes de camiones de un solicitante que misteriosamente desaparecen cuando pedimos las aclaraciones necesarias para transportar los productos. Por estas y muchas otras razones, siempre es una buena práctica utilizar paquetes de datos completos que puedan ser transmitidos a todas las partes involucradas.

Si esto no es posible, la siguiente mejor opción es tomar siempre los segundos adicionales necesarios para ser más minuciosos al comunicarse sobre productos, envíos o traslados. Esto significa utilizar múltiples identificadores de referencia y añadir bits de datos fácilmente reconocibles e información coherente.

Por ejemplo:

"Asunto: 876357293 - Correo electrónico: "por favor, indique el estado", tiene mucho más riesgo de ser malinterpretado o simplemente ignorado que algo como: "Asunto: envío 876357293 Houston, Texas, a Ciudad de Oklahoma - Correo Electrónico: John, por favor, informe el estado actual del envío 876357293. Fue recogido en Houston ayer por la mañana, y al equipo de la Ciudad de Oklahoma le gustaría saber cuándo se estima que llegará para que puedan realizar la planificación. Equipo de Oklahoma añadido a este correo electrónico".

Planificar con anticipación

La planificación en la logística puede parecer

un paso lógico, pero la mayoría de las oportunidades y ahorros de costos se pueden realizar cuanto más largo sea el horizonte de planificación. Esto permite tiempo para alternativas, negociaciones y consolidaciones, reduciendo significativamente los costos totales de transporte. Cuanto más urgente es la solicitud, más elevados son los costos globales en general.

La planificación también puede llevar a un menor estrés para las personas que realizan los envíos, lo que conduce a un entorno de trabajo más positivo. Sin embargo, estos horizontes de planificación por sí solos no son suficientes para ahorrarle a la compañía millones de dólares, especialmente cuando hay otros factores que influyen en el gasto de transporte, como los contratos en vigor, los procesos rígidos, las metodologías o los mercados de vendedores.

Utilización de recursos

Si ya está pagando por algo, asegúrese de que lo aprovecha al máximo. Ya sea llenando el espacio en los camiones dedicados que usted adquiere o utilizando completamente todas las características del nuevo software que está instalando. Todo lo que se olvida de usar es dinero que podría haberse usado mejor en otro lugar.

He visto múltiples ejemplos en diversas compañías de departamentos con múltiples programas de software implementados que tienen funcionalidad relacionada o similar que actualmente está siendo subutilizada, en lugar de tener unos pocos sistemas que estén completa y cuidadosamente integrados. Peor aún, he visto casos en los que los sistemas están desconectados, y las únicas conexiones entre los sistemas son las personas que tienen que tomar toda la información de un sistema y tratar de recrear una gran parte de ella en un sistema diferente.

Siga leyendo...

Como último consejo, sé que una cosa es cierta en este mundo, y es que el mundo seguirá cambiando. Por lo tanto, insto a cada persona que lea este libro a que haga un esfuerzo activo para continuar leyendo, aprendiendo y avanzando.

Gracias por leer.

LISTA DE VERIFICACIÓN DE LA SOLICITUD DE TRANSPORTE

Consideraciones

1. ¿Es físicamente posible hacerlo?
2. ¿Es legal hacerlo?
3. ¿Puedo pagar por esto?
4. ¿Qué puede detenerme o retrasarme en el camino?

Información Necesaria

1. Origen
   a. Dirección
   b. Persona de contacto
   c. Teléfono de contacto
   d. Horas de actividad
2. Destino
   a. Dirección

   b. Persona de contacto
   c. Teléfono de contacto
   d. Horas de actividad
3. Fechas y Horas
   a. Hora de recogida
   b. Hora de entrega
4. Equipo requerido
5. Carga
   a. Unidades
   b. Empaque
   c. Dimensiones
   d. Peso
   e. Descripción
   f. Material peligroso
   g. Números de referencia
   h. Totales
6. Notas

APÉNDICE

AXIOMAS LOGÍSTICOS

1. La ley de Murphy: todo lo que puede salir mal, saldrá mal, así que esté atento y preparado.

2. Lo que no conoce, puede hacerle daño. Dedique tiempo a mejorar diariamente, leer, recorrer escenarios, perfeccionar sus procesos, entre otras cosas.

3. Cada persona ve el mundo de manera diferente, la palabra "rápido" para usted puede significar algo diferente para sus empleados, sus compañeros de trabajo, sus compañeros de equipo, sus clientes. Siempre sea lo más específico y claro posible.

CONSIDERACIONES SOBRE CARGAS

- ¿Cuánto espacio necesito?
- ¿Cuánto peso debo tener en cuenta?
- ¿Cuál es el mejor modo de transporte?
- ¿Qué precauciones debo tomar en cuenta para el transporte seguro del producto?
- ¿Qué precauciones debo tomar en cuenta para la seguridad de todos los involucrados en el traslado?
- ¿Qué directrices legales y financieras aplican?
- ¿Qué retos voy a encontrar mientras trato de transportar esto?
- ¿Se trata de un traslado estratégico o de una transacción?
- ¿Cuáles son los requisitos de carga y descarga a los que me enfrento?
- ¿Son correctas las dimensiones?
- ¿Qué equipo es necesario para transportar esto?
- ¿Es este material apilable o no?

- ¿Necesitaré permisos por gran tamaño?
- ¿Puede ir en un vehículo más pequeño con un voladizo aceptable?
- ¿Las dimensiones afectarán mis opciones de transporte?